我的一生很平凡
但總有一些自豪的事蹟
僅以此書——獻給父母

THE *Journal* of MR. HO'S ADVENTURE

山何遇

半百之後
那些山旅教會我的事

何義津——著

推薦序

真情紀事，展現創業達人成功的明燈

中華民國昇降機安全協會第一、二屆　理事長
日本海外產業人才育成協會台灣同學會　創會理事長
謝春祥

認識何義津四十餘年，他在工作崗位上，以及後來他個人開創電梯事業，向來不畏懼艱難勇敢向前，是一個充滿熱情，活力洋溢的科技人。

在工業生產方面，台灣推動企業自動化生產情境下，電梯製作技術過程，已經不是什麼高科技產業，或大資本投資產業，況且電梯市場確實受到經濟景氣影響。景氣好時，能引發高樓大廈開發潮，但電梯市場也幾乎被三大廠瓜分。

幾乎世界上所有知名品牌都經由代理商在台灣銷售，而較早時期在政府獎勵投資政策下，以技術合作或合資公司型態，在台灣設廠生產的國際知名大公司，正式推出也有五家，足夠供應台灣市場之所需。加上市面個人鐵小型工廠型態，以及所謂拚裝組裝公司，如雨後春筍林立，造成市場價格大幅紛亂、品質參差不齊。

加上都會區的發展，車輛增加迅速，停車空間不足，也快速發展出機械式停車系統，為彌補空間之需求，帶來專司所謂「汽車用電梯」

製作工廠，以用鐵材重量計算的銷售價格，毫無品質可言，電梯市場狀況宛如戰國時代的紛亂，要在有限的市場鶴立求延續生存，何等艱辛與不容易。

事業勝利者，不一定需具備高深理論，何義津所經營的「雄崎電梯」秉持著以客為尊，採取客製化經營，為客戶服務，只要符合政府安全規範，其他都可以接受各種需求與挑戰，正是雄崎電梯的特色，在一般大廠生產程序上，所牽扯範圍、詳細分工、繁複流程及生產成本問題，就難做到雄崎的靈活。

雄崎經營者以「誠信，服務」為公司為企業信條，處處為滿足客戶需求，克服問題贏得信賴，證明雄崎公司成功的重要元素。

今天拜讀經營者的事跡內容，可知一路走來心酸苦辣，感同深受、敬佩至極，書中為了落實顧客至上「茅塔歷險記」讓我認識國際捕漁產業姿態，分享了雄崎電梯服務的真誠，不辭勞苦遠渡重洋搏命演出歷險實情紀事，充分展現企業形象，與為品牌不斷奮發進取的精神，是我們能期待的優秀事物與表現，也是創業達人成功的明燈。

期待台灣人，共同靜下心來，只要誠信，合作，團結，勇敢走出國際，必能建造更多更美好的未來。

推薦序

一本充滿街頭智慧、樂活人生的寶典

中華民國國際工商經營研究社聯合會 二〇二〇理事長
嘉彰股份有限公司 總裁
陳蒼海

在二十五年前因緣加入中華民國國際工商經營研究社，認識了何董事長，他為人不但溫仁謙遜、處事圓融、心胸開闊、低調有定見，這是我跟他相處互動後所了解的何董事長，而這本書就如他本人一樣風格，書中有飽滿的智慧，卻不誇耀賣弄；有前瞻的理想，卻冷靜地貼近事實；享受樂活人生，但追求簡樸健康。

勇於嘗試，邁向成功的第一步

大學畢業後在日商電梯公司上班，從基層做起，白天辛勤工作、晚上苦讀苦學，用心經營自己的生活。景氣不好時不但沒被炒魷魚，更得到賞識擔任重要職務，當公司未能滿足客製化訂單需求時，主動找機會勇於嘗試、承擔重任，積極研發，經過半年努力，終於完成台灣第一台自製六角形透明景觀電梯。

他的才華與傑出表現，得到了高層的肯定並賦予重任，當在景氣復甦時，抓住難得機會上書，向公司提出「徵求員工創業、建立衛星工廠供應體系」，協助母廠生產之建言，獲得公司同意，何董事長也勇敢踏出自己創業的第一步，展開燦爛的一生。

宏觀思維，創新研發無機房電梯

創業初期雖以板金零件代工作為公司發展的基礎，但他並不滿足現況，積極佈局以宏觀前瞻的新思維帶領團隊，研發無機房電梯，過程雖遇到了種種困難與挫折，但他不服輸的個性、天生敏銳的洞察力、勤勉投入、堅持到底的行事風格，終於研發出最優質的無機房電梯產品，並行銷至最嚴謹的日本市場，為公司創造出最大的商業價值與知名度，奠定雄崎公司深厚的根基。

茅塔歷險記

茅塔歷險之行是為了服務客戶，敘述從台灣出發沿途不辭辛勞，搭機轉機、橫渡荒漠、搏命渡船，過程中克服種種困難，終於抵達拉椰提號母船，親臨現場從漁撈法到加工廠到交易平台市場，從敏銳的洞察力，專注細節、見微知著，為客戶多想一點，在技術上下功夫，堅持做到極致的客製電梯，得到客戶的讚揚。

工作、生活、樂活人生

半百後何董事長追求的是「樂活人生」，在工作上他嚴謹，提供優質電梯服務，讓人們獲得安全且方便的生活；在生活上的他則多采多姿，工作中有生活、生活中融入工作，透過登山過程中釋放腦中繁忙的思緒，深呼吸山林的空氣、放眼壯闊的山景，讓自己從中悟出靈感，終於解決電梯不被甩出的問題。

為了挑戰體力、耐力及保有年輕時期的衝勁，他不僅鐵騎環島來完成小時候夢想，更帶領社團成員，遠赴國外登神山與富士山，雖然山路崎嶇難行、長坡陡峭，但在隊友相互鼓勵與扶持下，發揮團隊精神，全員皆能安全登頂、平安歸來，尤其站在頂峰時，眼見巍峨高山、遠眺山色美景，讓心胸更加寬廣，領悟出站得越高、離天越近、越要謙卑的千古名言。

這是一本充滿街頭智慧的人生寶典，何董濃縮了他人生道路上，從出生、學習、成長、職場、事業、生活歷程中所經歷到的困境、挫折、危機、轉機，用心記錄領悟到的樂活人生哲理、智慧，清晰有系統、條理分明的撰寫成篇，提煉出每則故事裡可以現學現用的心法與智慧，期盼年輕人看了之後，可以再進一步思考，作者碰到這些事情時，是怎麼處理？如果換成自己時又會怎麼做？從中引發聯想，與自己的生活及工作產生關聯，並激盪出新的思維，值得為青年奉為圭臬。

推薦序

千年之約：人生不過百　常懷千歲憂

台北愛樂管弦樂團　團長
台北醫學大學雙和醫院　教授

賴文福

義津既謙虛又事業有成，頗有古典音樂修養。我年紀稍長，同樣是在戰後嬰兒潮世代出生。小時候物資非常缺乏，我大都生龍活虎般的努力工作，現在也上了年紀體力不如從前。

本書敘事他人生最精彩的部分，平凡踏實又具深度，這個年代的人是一個傳統的年代出生，卻經歷了現代化的洗禮淬煉。自己也許沒有吃過太多的苦，但絕對知道上一代很苦，雖是非常辛苦的工作，不過也有許多機會，得到一些不同的成就。

台灣拿著007皮箱走到全世界開拓事業的時代已經過去了，但它確實把台灣打造成一個欣欣向榮的國家。

義津詳細描述到茅利塔尼亞如何開拓事業的版圖，深入淺出。在鐵馬環島旅行裡，把這一生對台灣土地的熱愛，描繪得淋漓盡致。

千年之約這本書的最高潮，是對富士山的描寫與敘事，從台灣到日本這個不太陌生的國度觀察，描寫山的神祕壯麗及同遊山友的互動，也描寫日本人的登山特性，完全把個人的人生觀點表現出來。

這是本書的最高潮，也讓讀者一同分享。

人生不過百，常懷千歲憂，義津已超越了這個境界。

推薦序

行遠自邇 登高自卑

永冠興業股份有限公司　總經理
台北IMC　第六十屆社長
李德賜

與何義津前社長結緣是二〇一二年春天，和幾位朋友一起參加從北投清天宮登到二子坪再往面天山的台北ＩＭＣ登山隊活動，海拔垂直將近一千公尺，是我從沒登過的高山；當天早上九點上山、下午四點多下山，隊友們健步如飛，我卻一路氣喘吁吁。

第二次是登三芝竿尾崙古道，有十多位社友報名，沒想到只有何義津前社長、張大師及我和麗容四人到場集合；這次更是辛苦，一路下著毛毛細雨，我們在比人高的箭竹林摸索前行直登小觀音山主峯，直到天黑連滾帶爬下山已經六點多，又持續走了好長一段路才到車站搭車到淡水後轉捷運，一行人又累又邋遢，車廂裡沒一個乘客敢與我們搭話，這十分尷尬又有趣的畫面讓我終身難忘。

我當時雖然還沒有加入ＩＭＣ，但是幾次登山無論人多人少，都是何前社長帶隊並且一馬當先，他處事果斷負責的態度讓我印象深刻。

回想宣誓加入ＩＭＣ最大的誘因，是二〇一二年何前社長立下登玉山（海拔三九五二公尺）的目標，期間積極組隊山訓，在訓練過程中學習何前社長的領導力與面對挑戰充滿幹勁的精神，我也慢慢從不曾登山到充滿興趣與熱情。沒想到臨行之前，主辦社嘉義社通知排雲山莊正進行整修，不開放團體只能單攻，於是台北社僅派三位高手代表單攻玉山。

而為了讓山訓有用武之地，何前社長與祕書長於是提議改登馬來西亞神山 Kinabalu（海拔四〇九五公尺），比玉山更具挑戰性。

初生之犢不畏虎，二〇一二年十一月抵達沙巴登山的第二天，早上五點起床出發，一路山巒起伏景色優美不愧是世界遺產，我們時而登上崚線時而徒下溪谷，這樣上上下下沒有停歇又多登了幾百公尺，感覺前方好像永遠有走不完的山路；到下午六點多抵達山屋休息，由於海拔三千多公尺的高山氣壓調適不佳，身體疲憊但根本無法闔眼入眠，半夜十二點多起床又整裝出發，一鼓作氣攻頂，早晨五點多日出時分以為登頂而歡呼，才被其他山友提醒神山登頂還在前方亮點的山頭。

一個多小時後，我們又登上一、兩百公尺才抵達雲霧繚繞的神山頂上，登高放眼遼闊的視野，瞬間治癒了疲憊的身體，心裡充滿了喜悅與欣慰。短暫佇足山頭大夥兒隨即一路狂奔下山，傍晚五點多乘車抵達飯店時社友挾道迎接，我們有如凱歸勇士。

這次攀登神山經歷了四十多小時沒有闔眼睡覺，但社友們相互的鼓勵與支持照顧，讓彼此都產生前所未有的情誼和患難與共的革命情感，也感謝內人麗容從我還未入社前的登山活動就一直隨行陪伴，家中至今仍有當年登高難忘的留影，歷歷在目。

二〇一四年王丁財任社長時我接任登山理事，提議挑戰登日本富士山，也是台北ＩＭＣ自創社五十五年來首次登上富士山的紀錄。三年後登山隊也曾組隊登玉山，那時因我的身體微恙沒有同行，又碰上玫瑰颱風，一行人停留在排雲山莊未能登頂，直到二〇一八年我才有機會與這一行人完成攀登玉山的夙願。

人生的際遇非常奇妙，回首當初入社的因緣只是單純對登山產生興趣，二〇二〇年我接任了第六十屆台北IMC社長，在IMC我獲得的遠遠超過我的付出。非常感謝這段與何前社長從登山一路相知相惜，讓我不僅在健康養生的狀態上，更在為人處事的心態上，都得到太多的收穫和啟發。

中庸曰：「君子之道，辟如行遠必自邇，辟如登高必自卑。」是說：「君子的典範，就像走遠路一樣，必定要從近處開始；就像登高山一樣，必定要從低處起步。」期待大家閱讀完《山何遇》，能理解作者何義津如何藉由登山，到對人生處事的積極、執著與認真，啟發更多人終身學習增長智慧，所有將至的成功終會通往更通透的道路。」

推薦序

一專一勤　則無難事

台北ＩＭＣ　第六十一屆社長

李中進

接到何社長委託書寫新書序言，內心惶恐不安，一是我非名人或在寫作上有傑出之處，二是在無機房電梯台灣創始人之前有班門弄斧之感。

關於騎鐵馬一事，記得兒時若欲為之，必須鑽三角而跨騎，只因在當時物質缺乏，生活困苦，所以沒有符合當時年齡需求的高度，只能騎大人的，真正稱為「小孩玩大車」，然當時台灣人皆有的三個願望其一便是腳踏車環島。

談起環島，用說容易，但對小時候鑽三角跨騎的戰後嬰兒潮的體力應該不是件難事，但年到半百後再提鐵馬環島的夢想，實在對於耐力及意志力是極大的考驗，但在更艱難的體力條件再加上惡劣的氣候環境下，我們的何大隊長依然能挺進完成，因緣際會下我亦於二〇一三年完成了騎鐵馬環台之行，深知其中甘苦。

由於首次挑戰環島有社團中伙伴結隊，促使只能向前而無退縮之路，對於同行的何大隊長一路走來之毅力、意志力深感佩服，是我學習的目標。

所謂仁者樂山，智者樂水，另外一項壯舉是登玉山，在何隊長策劃之下，我們追隨一同踏上了登高的不歸路。二〇一五年何大隊長攀登日本富士山，文中提及IMC台北社友在相互扶持之下登上了日本第一峰，雖然錯失了機會與前輩們一同前往嚮往的神山，但在何隊長帶領之下，我們一起完成登東北亞第一高峰玉山的的目標，在嚴實要求之下，每位隊友皆參加數次的訓練得以圓滿順利的完成。

《山何遇》是何義津前社長創業與生活的心路歷程紀錄，許多看似平淡的文字敘述，都不足以道盡身在挑戰中的甘苦，但人就是在不斷的激勵與經驗中累積智慧向前，願閱讀此書的朋友們都能看見，人生如同登高，一個人若能謙卑、充滿熱情、堅持與專心一意，則我們都能跨越每座大山。

作者附記

此書出版時，李中進社長及何義津隊長帶領台北ＩＭＣ鐵馬隊，以「學習過去，展望未來」為主題，用九天八夜時間完成台灣一周，這是台北ＩＭＣ首次自組舉辦的環島活動。

作者序

山「何」遇

那些山旅
教會我的事

何義津

我是出生在戰後嬰兒潮，物資尚屬缺乏年代，世界經濟正努力著要從二戰的廢墟中站起來；到小學時期，台灣經濟復原已俱雛形，生活雖清苦，可是鄉下出生小孩對物資沒有多餘奢求，生活還算滿意。

從求學開始，當兵、就業、結婚、生子，創業，乃為世人來到世間的SOP，對我來言，生活安定，兒女聰明乖巧，家庭事業兩相全就是最大滿足。我與佩樺夫妻兩人，不奢求物質享受，不追求名牌每日為事業打拼，求家庭幸福美滿，是天經地義的事，直到屆臨耳順之年（六十歲）健康出了問題，才警覺到人生只有這樣嗎？

二〇〇八年是不平靜的一年，中國第一次承辦奧運。

中國從封閉的社會主義國家，生產集體化，企業國有化，經濟層面卯足勁效法資本主義，全面改革開放，國家建設迅速的崛起。中國好像一塊海綿，吸盡許多國家的資源，全世界的經濟都繞著中國打轉，西方及亞洲先進國家經濟彷彿停頓，連有經濟動物之稱的日本都不例外，促使國際能源價格飛漲。

二〇〇八年次級房貸破產，造成證卷泡沫化，美國雷曼兄弟投資銀行投資槓桿操作過度，因而破產倒閉，連鎖骨牌效用，影響全球金融秩序造成金融風暴，加上中國磁吸效用，全球經濟陷入巨大危機，台灣當然也不例外。

兩件世界大事，叫停全世界經濟活動，我公司遭受巨大衝擊，間接造成個人極大壓力，我的健康也壓出問題。第一次非受外傷因素住院治療，雖是短短三天已是讓我心生警惕。

依照內政部統計民國一〇八年國人平均壽命，男性七十八歲、女性八十四歲。依此計算，我只剩下二十二年的生命，我該做什麼?當生命來到盡頭，我要對我的人生下什麼註解?

《茅塔歷險記》是記載遠渡重洋，到茅利塔尼亞的經濟海域與客戶開會及簽約的歷程。鮮為國人所知的茅利塔尼亞是個沙漠國家，人口稀少，天然資源最多的是沙、漁（不是鯊魚），是個鳥都不想去的國家，路程遙遠與艱險，卻非常難得的體驗，此生再也沒有機會，也不會想去的國家，台灣沒有多少人聽過，更不用說有幾個人去過的國家，旅程非常值得回味，當然要記錄下來。

從在大西洋作業的拉椰提號下來，尋原路回來，再度踏上茅利塔尼亞首都努瓦克肖特。有位帶著金絲框眼鏡，頭上圍著白色頭巾，披件淺藍色罩衫，印有金色天文圖案像大學教授的人來接我們，原來是柯努公司的經理，他先帶我們去鎮上吃午餐。

餐廳客人滿座，這是第一次見到眾多茅塔人。我們到來算是異類，就好像白皮膚的洋人到台灣的餐館，立刻受到矚目，有位茅塔青年，穿件膝蓋破一大洞的時髦牛仔褲，上身是白T恤印有搖滾樂手，帶著女朋友來到桌前。

先用英語自我介紹與問候，再問我們是否日本人，我尚未回答，也不管是不是日本人，就用稍微流利的日語告訴我們，他曾經在東京唸書二年，住過大阪一年的見聞。

還好我會四種語言，這趟旅程都用到了。簡單的菜英文，在加那利群島與安東尼奧溝通用到，可以稍微可以聊天的日語，只要日本人不要用太多文謅謅敬語，都大致可溝通，另外就是不需經過大腦翻譯的國語與台語。

我用生澀日語告訴茅塔青年，我們來自台灣，不是日本人。他聽到會講日語的，索性坐下來聊天，暢談他在東京、大阪的點滴，說些茅塔人的習慣，滔滔不絕熱情率性。我也很想瞭解多一些茅塔的風土人情，可惜我們還要穿越撒哈拉沙漠，在天黑前到達迪布，有限的時間，遙遠的目的地，意猶未盡中互道再見。

我想我永遠不會再回來。

回憶走過的歲月，除了工作與家庭，我沒有什麼是值得回憶大事。

台灣人一生要完成三大事，單車環台、登玉山、泳渡日月潭；生病之前，我一樣也沒有經歷過，也從沒想過要去體驗；生病後，才認真思考，應該要好好去體驗。

十二年來，我已完成三次單車環台，玉山去了兩次，一次傾盆大雨逼迫下止於排雲山莊，一次在磅礡大雨歇後順利登頂，也看到燦爛朝陽；此後甚至登過比玉山更高的馬來西亞神山，名氣更響亮的富士山，困難度更高的嘉明湖……

論語：「智者樂水，仁者樂山。」目前號召一群仁者，自組山漾登山隊，到處尋幽訪勝，持續登上更美的大中小山。完成許多我認為是壯舉的事，興奮之餘我將歷程紀錄起來。

目前最遺憾的是泳渡日月潭尚未完成。天生旱鴨子，我出生在鄉下，家住半山腰，屋前距離台灣海峽不到二哩路，也有小溪潺潺流過田野，父母都不准我們兄弟下水。

稍長搬到台北，有跟同學偷偷去過幾次再春游泳池，同學是游泳校隊，來回游了十幾趟，我還在泳池邊奮力划水，最多離開五公尺，從此放棄游泳這項運動，若新冠肺炎疫情結束，我想在七十歲前來完成這件大事。

書名原訂《茅塔歷險記》，因過程欠缺驚心動魄，扣人心弦的情節，多次會議討論結果，加上民調，編輯小組認為用《山「何」遇：半百以後，那些山旅教會我的事》為書名較合適，是歷年來何義津遊「山」玩「河」的旅程紀錄，十幾年間山川給我的啟示，心胸更為寬容，對時勢或世事不滿，或有人謗我、說我，都會淡然處之，壓下快爆發的脾氣。

選幾篇自認為是壯舉的手稿，內容沒有嚴肅教條，也沒有激勵人心的語句，有的是半百後的人生感觸。

二〇二〇年初新冠病毒忽然降臨人間，一支肉眼無法看見的病毒，不到一年半時間，世界近二億人有確診病例，奪走四百萬條生命，人人隨時都會蒙主寵召，人類生活被迫改變，國際間活動嘎然中止。

人生幻滅無常，無法預知意外與明天是哪一個先來，我們要認真過每一天。

當五十歲來臨時，你想要做什麼？

或是已過了五十歲的你，事業有成，兒女長大離開身邊，時間多出來了，你想要什麼不同的生活？

更多的財富？更多的健康？更廣的見識？這本書可以給你參考。

謹以此書呈獻給：

很小就帶我們到台北生活的父親

在生活拮据勤儉持家的母親

共創幸福美滿家庭的佩樺

何義津　於竹蘆居

二〇二一年六月六日

目錄

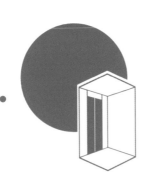

把傳統玩成現代

第二部　鐵馬記行

鐵馬環台逐夢記行

第三部　登山記旅

千年之約

神山散記（I）

神山散記（II）

神山散記（III）

事業歷程．．．．

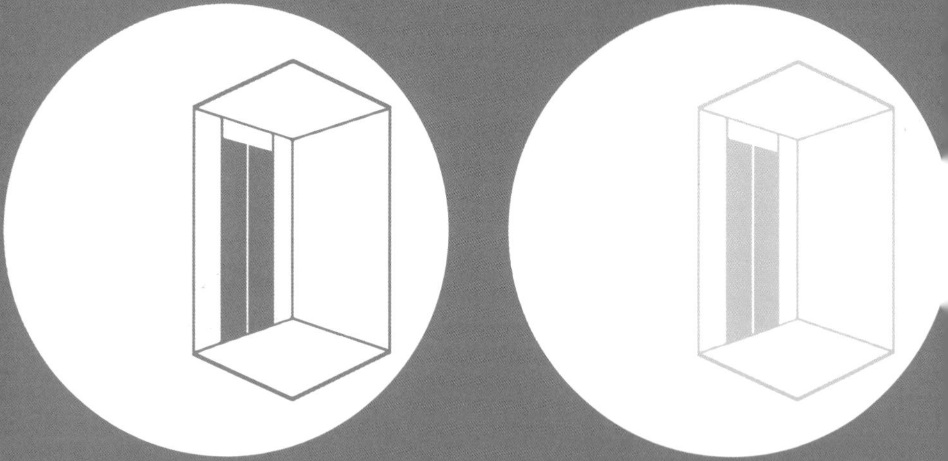

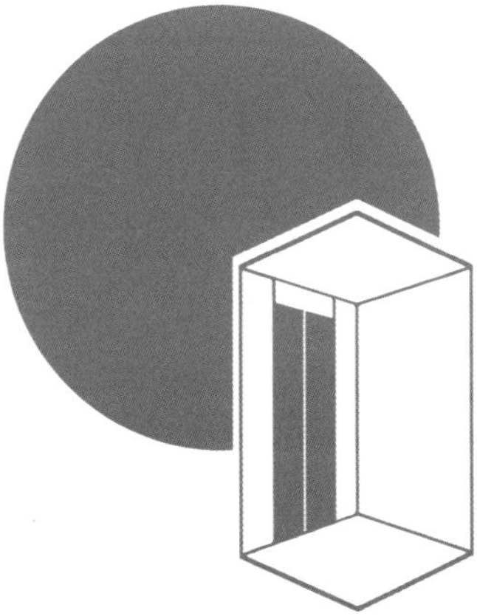

茅塔歷險記

I 陌生國度記緣起

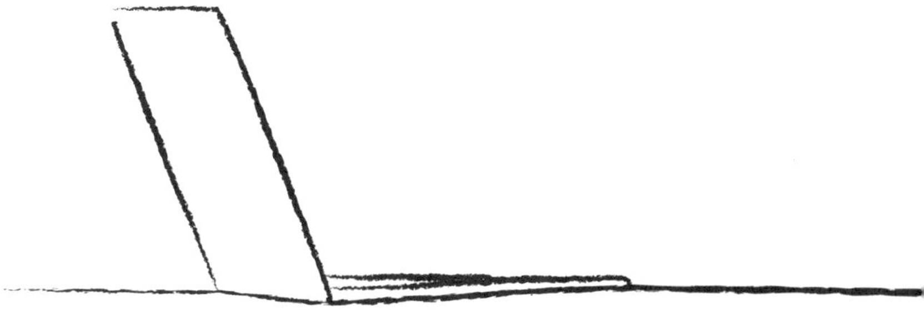

玉兔呈祥 希望一百

昨日隨家人去看花燈。

今年台灣燈節依序輪到苗栗縣舉辦，位於苗栗頭份市，主燈玉兔呈祥，又適逢建國百年，所有主燈與副燈都圍繞在「**祥**」、「**瑞**」主題上，花燈展場約有四公頃佔地寬廣，場外車海場內人海，都是擠得水洩不通，看完花燈好不容易衝出車陣，回到家裡已過子夜，早上起得晚，到達辦公室已近午時分。

從二〇〇九年起，由於美國雷曼兄弟出事後，美國股災、債市、基金哀鴻遍野，全球經濟遭受波及，台灣當然也不例外。我雖不喜歡這種人擠人的熱鬧場面，但藉著五光十色雷射燈光，伴隨超大音響，吵雜場面，沖淡些許因景氣衰退造成的鬱悶心情。

台灣人節儉成性，幹勁像牛一樣，有極強的韌性，頭腦時刻轉動，求新求變尋找生存契機。即使生活再不好過，「未來希望」的明燈還是綻放在心中，如同一株韌性強勁的小草，在雜亂瓦礫堆中，也要想辦法從狹窄縫隙中蹦出來，朝著陽光綻放出驕傲的清翠。

雷曼兄弟重挫整個市場，建商也有其解套方式。往昔都市蓋高樓大廈，一大棟雄偉壯觀，房子卻是一間一間慢慢賣，景氣好時被秒殺，立即賣光；景氣不好剩幾成餘屋，建商就虧本，蓋高樓大廈工期長，地震、颱風、消防都要特別考量，耗時費勁又高成本。

建設公司要生存也要創新求變，以「一站購足」策略，買方省事，賣方便利。看到國人喜愛居家有天有地，瞄準整棟透天厝銷售的市場，從寸土寸金的大台北郊區開始，往南延伸，蓋透天別墅三樓半，房子論棟賣，工期短又快，建案推出DM剛印好墨跡未乾，鏟子還沒開挖，房子就賣光。

日式餐廳的定食套餐就是依此「一站購足」原理，副食固定，加上牛、豬、魚等五、六款主食搭配，客人不用花心思考慮主副食搭配問題，客人喜愛，店家也方便準備食材：到自助餐廳就要多動腦筋，不曉得今天要吃魚配肉，還是吃肉搭魚，面對整排美食發楞。家樂福量販店，也「一站購足」原理，琳琅滿目生活用品，用成打的批發價，貨物暢流快，業績也滿盈。

依台灣習俗，透天別墅頂樓都是神明廳，在透天厝供奉的神祇，必須安座在最高樓層，神明高高坐，視野寬廣，也意味著主人眼光深遠，高瞻遠矚，前途光明，步步高陞，事業越來越發達，全家平安健康，頂樓供奉神祇，更有高高在上直達天廳之意。

中南部土地便宜，透天別墅更廣受歡迎，但神明廳安座在頂樓，對於打拼一輩子的年老長輩來說，每天要上下樓梯腳力負荷大，又怕跌倒確實辛苦，尤其膝關節不好的人來說，更畏於上下樓梯。

創新腦子要動得快，才有機會。

一九九九年十月我初次到德國奧格斯堡參觀電梯展時，德國鄉村獨幢房舍，地下室為了通風，設有窗戶，一樓因此高出地面一公尺半，肥胖的老外回家都必須吃力的爬上幾個階梯。因此給了我研發無機房家庭梯的靈感，以解決老年人爬樓梯的困擾。

回國後，立即帶領研發團隊，縱向整合產線上下游，橫向聯合相關業者，埋頭研發無機房電梯。從電梯構想、整合、設計、製作、安裝，搭蓋試驗塔、測試至正式上市，於八個月完成，提供給投資透天別墅的開發商，果然廣受好評。

透天別墅採用新開發的無機房電梯，不但解決樓層障礙問題，屋頂去除了難看高大凸出物，建築師可以在整幢建築物含屋頂在內，設

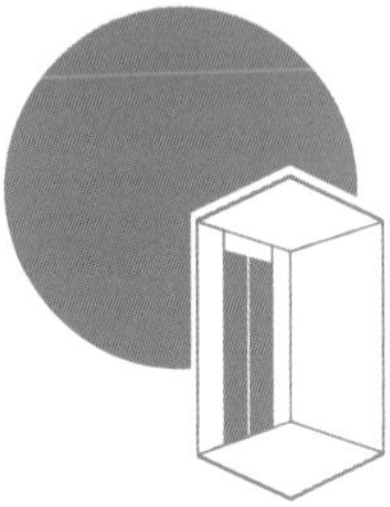

計出屬於整棟樓房獨特的風格，高級的別墅電梯，也賦予建築物本身生命，豪奢的感覺提高主人身份。台灣人的神明廳都設在樓房頂樓，辛苦一輩子為生活打拼的阿公阿嬤，早晚上樓敬拜神明不再求兒孫協助，備感尊榮。

建商因有無機房別墅電梯加持，提高透天厝的附加價值，房價水漲船高獲利滿滿，很多建案剛推出，就造成搶購風潮，這股氛圍從北部吹向中南部，建案如雨後春筍爭相開發，別墅電梯訂單接不完，工廠產線也滿滿。

無機房電梯最大優點，是將主機放在電梯升降井道內，或任一樓層，整幢樓房省略矗立在樓房上方醜陋的灰色機械房，爬上屋頂層的樓梯也可省略，屋頂沒有機械房的束縛，透天厝屋頂可以讓建築師發揮創意，蓋出日式、歐式或中式有特色的屋頂，對整幢樓房造型有畫龍點睛之效。

如往常的日子，在辦公室有接不完的電話，昨晚賞完花燈回家，就寢時已過午夜，這天比往常慢了一小時進辦公室更是忙碌，忽然有通香港來的國際電話：

「何董，拉椰提號還要增加四台電梯，你可以報個價嗎？什麼時候可以交貨？」原來是香港萬國漁業集團黃總裁的來電。

「黃總裁您好，八個月後交貨可以嗎？」用眼尾瞄一下出貨排定表後回答。

「八個月太久了，希望六個月能從工廠出貨。請你去一趟權餘公司與宋總討論交貨細節。」

權餘公司是萬國集團子公司，宋總是負責台灣的相關業務。這是一筆大單，掛完電話立即聯路宋總祕書麗莎小姐，約好後天上午在高雄公司見面。

二〇〇七年一月五日通車的高鐵，已把南北縮短為一日生活圈，

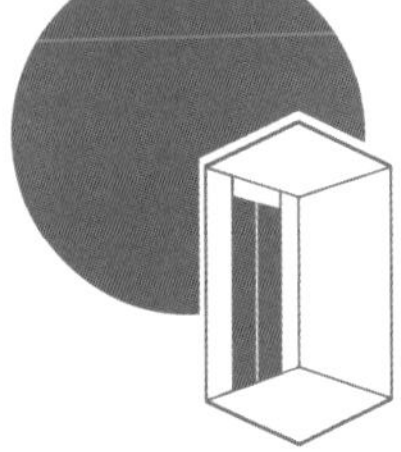

從台北到高雄左營只要九十分鐘。從進入台北車站到離開高雄左營車站，含等車時間，總花費時間比飛機來得快速且安全。

權餘公司位在高雄前鎮區，高鐵左營站下車後，轉二〇〇八年三月通車的高雄捷運紅線，前後不到三個小時，我已在權餘公司宋總辦公室開會討論電梯規格。

如果時間推早幾年，沒有高鐵及南北雙捷運，必須清晨從台北搭台鐵出發，黃昏時抵達高雄車站，夜宿一晚，第二天再搭一個半小時公車，才能到達權餘公司。政府對公共建設的貢獻是應該給予掌聲。

「至於詳細規格及設計，必須請何董親自到拉椰提船上與船長、輪機長、漁撈長及相關工程師討論後定案。」

原來這四台電梯規格與兩年前裝的四台，其設計與使用方法會更改，必須親自到船上與實際使用單位討論，並改善使用上的不便以及增加使用功能，提高裝載效率，這是此次會議結論。

「可以，我們什麼時候可以上船？」我爽快答應。

我以為大船正停泊於高雄港外海，可以立即搭小漁船前往，登船與俄籍船長、英國顧問、中國輪機長再次開國際會議。二年前就是這樣搭著小漁船，到停泊於高雄港外海的七萬噸國際油輪上，與黃總裁、宋總、俄羅斯籍船長開會的。或是到山東的青島港口，因為最終的調整補給及船員上船，是在青島港完成的，順便到青島喝杯清涼可口的在地青島啤酒。

「不，你必須先飛到大加那利島的拉斯帕瑪斯簽證，再搭機到努瓦迪布，經過撒哈拉沙漠，到努瓦克肖特，然後坐船到茅利塔尼亞外海，拉椰提號正在大西洋捕魚。」

宋總正經的從口中吐出一連串聽不懂的名稱，除了撒哈拉沙漠，一些嘰哩呱啦的名稱都沒聽過，宋總臉上沒有絲毫玩笑，聽得孤陋寡聞的我更是一頭霧水。

「鈴！到西班牙簽證？台灣與歐盟各國不是宣布免簽了嗎？什麼大加那利、小加那利？」、「什麼肖特？茅塔還是茅坑？」

一大堆沒聽過的名詞，都不知道那是地名、島名還是國名，我懷疑耳朵是否聽錯，回頭求助於祕書麗莎小姐，希望她給一些提示，她好像也是一臉茫然。

跟宋總抄下那一大堆英文名詞，回到公司立即上網查那些陌生名稱，都是英文介紹，只知道拉斯帕瑪斯是渡假勝地，其他的實在找不出名堂（現在網路都可容易查到這些資訊）。

黃總裁多次在電話中緊急的催促啟程，權餘公司宋總很快寄來機票，並大致說明行程，可見黃總有迫切需求。顧客至上，滿足客戶需求是雄崎經營理念之一，將公司大小事交辦清楚，立即整裝出發，帶著兩位工程師飛往那不知名的國度，開啟未知的旅程探險。

飛越歐亞 挑戰未來

深夜子時，北風呼號，寒流來襲。

桃園機場沒有白天的喧囂，搭上國泰紅眼航班，從台灣桃園機場起飛，第一站先飛到久違的香港赤鱲角機場，再轉機飛往德國法蘭克福機場。

香港飛到法蘭克福機場搭德國漢莎航空，需時十三小時，老舊的七四七波音飛機，聲音大座位小。我個小且不算胖（與老外比起來）坐起來都不舒服；何況那些老外，我很替那些高頭大馬的老外可憐，他們那肥胖的身軀被迫塞進狹小座位，有多難受，又不能中途下機伸腰踢腿，或開個窗透透氣，在狹窄空間，像苦行僧修行，需忍受長途

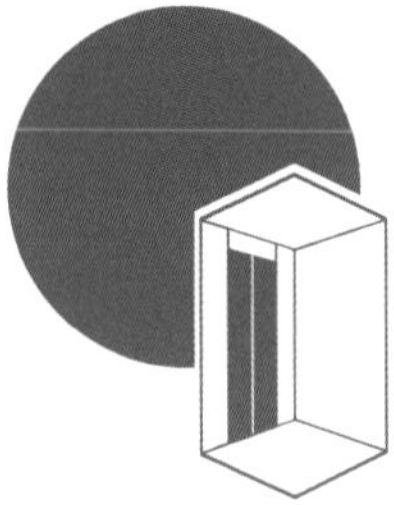

飛行之苦。

未知的旅程，完全陌生的國度，不知會遇到困境，內心悄然升起，一股莫名的恐懼感，此時雖是半夜，卻是輾轉難眠。

好不容易有了些微睡意，哪知一覺醒來，卻只消耗掉三小時，淺眠無助於緩慢升高的血壓，還要飛行將近十個小時。看完僅有的兩部有中文字幕電影，剩餘飛行時間，只能被囚禁在狹窄座椅，靠冥想挨過將近五個小時。

到達德國法蘭克福機場是當地清晨，辦理入境手續後，拎著手提包及在香港過境時買的威士忌及香菸兩項伴手禮，德國海關甲對身旁海關乙，以不敢置信的口吻說：「威士忌是歐洲生產的，竟然有人從亞洲帶來」。

說得也是，住在北部城市的人到南部訪友作客，往往會買來自鄉下的水果，或工廠在南部製作的糕餅禮盒，當作伴手禮以展現誠意；可是這兩位老外可能不知，威士忌最大消費市場在亞洲，好的酒不一定能在產地買到；他們更不知道台灣人的熱情文化，家鄉來的伴手禮，對於長年在異鄉的遊子來言，點滴都珍貴。

轉機時間是德國當地早上九點，正是通勤時間，從拿著手提公事包，男的西裝女的套裝的穿著，判斷這些乘客都是商務旅客。便捷交通使得地球村概念提早實現，清晨搭機前往西班牙、法國、英國出差開會，開完會搭機回來，還來得及陪小孩吃晚飯，如同搭高鐵從台北到台中或高雄開會般方便。

科技帶來文明，緊張煩悶的生活伴隨而來。

超音速飛機縮短地球距離，高速子彈列車讓城市間的移動於彈指之間，人類追求快速便捷，後遺症是失去悠閒意境生活，潛在躁鬱憂鬱等精神文明病，散佈在現代人日常生活中，憂鬱症患者像是不定時炸彈，在家庭、群體、生活周遭，隨時都可能爆發，社會充滿恐怖危險因子，這都是科技文明的副產品。

乘客在進入候機室時，幾乎人手一杯咖啡、雪碧之類飲料，飲料是取自候機室門口的自動飲料機，它提供咖啡、茶、汽水、冰水，完全免費，這是科技先進國家，且是生活在高水平的國家才有的福利。

德國法蘭克福機場轉機到西班牙馬德里機場是此行第三站，轉機時間有五個多小時，時間很充裕，可以逛逛商店。

歐洲聯盟（英語：European Union），簡稱歐盟，於一九九三年十一月依據「馬斯垂克條約」正式成立，是歐洲共同建立的政治與經濟聯盟，為世界第二大經濟實體，擁有二十七個會員國（原為二十八個，二〇二〇年二月英國正式退出，剩二十七個），德國、法國為兩大核心成員國，二〇〇二年正式啟用歐元為歐盟會員國流通貨幣，有十九個國家採用。

一九九〇年六月，會員國簽訂《申根條約》，消除過境關卡限制，使會員國間無國界，於一九九五年三月二十六日生效，截至二〇二〇年四月止有二十一會員國及六個非會員國根據「申根條約」解除邊境管制，進入簽訂「申根條約」的歐盟國家都視為「境內」，在任一國家入境後，轉到其他歐盟國家就不用再辦出境、入境手續，對於境外旅客來說非常方便。[1]

而且歐盟於二〇一〇年十一月二十五日理事會無異議通過給予台灣免簽證待遇，剛實施不到三個月（本次是二〇一一年二月），持台灣護照在歐盟會員國旅行不再辦理個別國家的簽證，所以到西班牙也不用再簽證，真的是太方便了，也應該再感謝政府德政。

抵達西班牙馬德里機場，立即轉機到大加那利島，轉機時間不到一小時，下機與登機兩個閘門剛好在機場兩端，下機後三人立即用百米速度衝刺的到下一趟飛機的登機閘門，這已是第四趟轉機，還沒有結束，因為在大加那利島簽證後，至少還要飛到努瓦迪布，是否還要轉機？目前我還不知道，因為我們預定在大加那利群島住一晚。

馬德里機場起飛的飛機是波音七三七窄體單走道飛機，座位比起漢莎航空國際航線的雙走道飛機更狹窄，航空公司為了多賣一排座位，把機位改得又小又擠，我看著高頭大馬的洋人，吃力地把肥滋滋身軀硬塞入狹窄空間，再用雙手把兩隻長長的腳，小心翼翼拗入座位裡，就慶幸自己是身材適中東方人體型，不再抱怨腿短了。

經過二個多小時飛行，飛機終於在北大西洋一個小島的高空盤旋，飛機以老鷹發現獵物態勢，先在空中盤旋尋找最佳攻擊角度。

由小窗往下看，小島被環抱在碧綠海洋中，由點慢慢變成面，島中間是濃密叢林，公路環繞，飛機正下方是碧藍海水，我極目搜索仍見不到機場，莫非要降落在海上？

飛機在盤旋中降低高度，漸漸的，高樓屋頂隱約可見，環島公路從雙線變成四線，終於見到路上穿梭車輛，驚訝的是竟然是風景秀麗的小島，原來這是加那利群島中的大加那利島。

加那利群島（西班牙語：Islas Canarias）有二百一十萬居民，位於北大西洋中的夢幻群島，靠近西非的摩洛哥，由拉哥美拉島（La Gomera）、拉芭瑪島（La Palma）、伊埃蘿（Hierro）、丹納麗芙島（Tenerife）、富得文都拉（Fueteventura）、蘭沙略得（Lanzarote）、及大加那利島（Gran Canaria）等七個火山島嶼組成，係西班牙屬地，為西班牙十七個自治區之一。加那利群島分成二個省，拉斯帕瑪斯是其中一省，省會拉斯帕瑪斯市，也是加那利群島最大城市。其第三大城拉拉古納市被聯合國教科文組織列入世界文化遺產，有間創立於西元一七〇一年的拉拉古納大學，目前有三萬名學生。

加那利群島地理位於歐洲最南邊，靠近西非，東臨摩洛哥、西撒哈拉、茅利塔尼亞等三個國家，位處北大西洋中，氣候宜人，距離西班牙有一千一百公里之遠，距離摩洛哥海岸只有一百公里，距離茅塔第二大城努瓦迪布有二百公里。島上也有原住民，現在住的都是移民來的，原住民從不承認他們是非洲人，百年來此地為歐洲人的渡假勝地，每年吸引一千五百萬遊客，畢竟跟著昔日海上霸權的西班牙有吃有穿，跟著非洲國家那只能吃沙過日子。

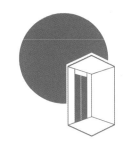

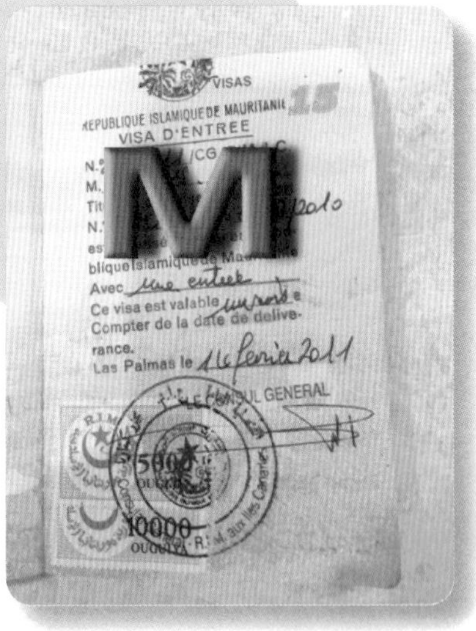

• 稀有的茅利塔尼亞簽證

1. 摘自維基百科，歐洲聯盟成員國，二〇二〇年二月一日英國正式退出歐盟。

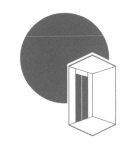

灑落在大西洋的珍珠項鍊

中國作家霍達先生說：「美麗的加納利群島，像撒在大西洋的七顆明珠，由東至西呈月牙形排開，從空中俯瞰，像是掛在海神的女兒脖子上的項鍊。」

加那利群島是屬於深海港，大加那利島為七島中最熱鬧小島，島上星級旅館櫛比鱗次，整排的渡假出租公寓如同社區聚落，酒館餐館林立，繁囂程度遠勝過歐洲大城市，沒有渡假休閒之寧靜。

此島有海水浴場、有四個國家公園，昔日台灣遠洋漁船，常在此島作為中繼站，漁船在此卸貨，順便保養船隻加油補水，船員亦得在此休息換班，當然也譜出一些浪漫愛情故事。

遠洋漁船長年在海上作業，海上苦悶、單調、枯燥的水手生活，最大慰藉是當船靠岸卸貨時，休假上岸到酒吧逍遙作樂之地，酒酣耳熱時，妖嬌美豔的酒女散發出熱情氣息，長期苦悶的水手輕易的就陷入溫柔鄉，當然免不了與酒場女子譜出一些浪漫愛情故事。

船員與酒場女子間的浪漫愛情故事，在每個港口都會上演，昔日基隆港也因這些浪漫故事，孕育出膾炙人口的經典歌曲，「港都夜曲」、「惜別海岸」、「再會呀港都」、「霧夜燈塔」、「碼頭惜別」……等。

國際知名作家三毛，曾與老公荷西長住此島寫作，完成多本經典著作，一九八〇年代校園民歌盛行時期，接受李泰祥大師的邀約曾經一個晚上創作九首膾炙人口的民歌歌詞，但我不知道是否在此島完成。最著名由齊豫唱紅的「橄欖樹」亦是，四、五年級生幾乎都能朗朗上口。在三毛著作「哭泣的駱駝」書裡有篇「逍遙七島遊」詳細介紹加那利群島。

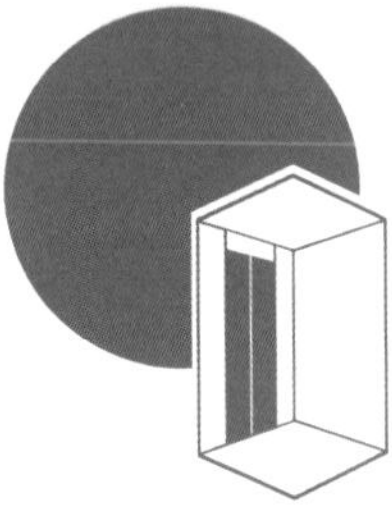

大加那利島是西班牙自治省，不用再經過移民局查驗證照。我們三人很興奮的來到轉檯等行李，行李遲遲未出，我想轉了那麼多趟機，行李可能放在最底層。三人因為終於踏上陸地，快樂的談笑著，毫不介意周遭旅客陸續離去。轉台上的行李越來越少，我開始擔心行李沒有跟來，當轉台上最後一件行李被提走，人也走光，最不幸的慘劇終於發生了——**我、們、的、行、李、真、的、沒、有、跟、來！**

無奈的通過查驗台，查驗官很訝異我們從遙遠的國度來，竟然只有一只小小的手提行李，懷疑我們準備要跳機，當我用破英文告訴他原因時，他以同情又幽默口吻地說「現在天氣不熱，可以不用洗澡」，並熱情的告訴來接機的安東尼奧，提醒說要去服務中心登記。

本該生氣的一件事，被查驗官的幽默化解得無影蹤。

凡事別計較，生活別計較，夫妻別計較，開心最重要，生活不會因為抱怨而美好，朋友間計較多了，感情就遠了，夫妻計較多了，心就疏遠了；行李不會因為生氣而立馬呈現在眼前。

安東尼奧是萬國漁業集團此地長期代辦，西班牙人，英文不是很流利，跟我的菜英文旗鼓相當，兩人溝通不必用太新潮詞彙，也不用文謅謅的語法，直來直往，加上手語，意思表達無礙。安東尼奧熟門熟路的帶我們去登記遺失，並跟登記處有著親切笑容的胖女士再三叮嚀，行李到達務必打電話給他。我想安東尼奧長期代辦萬國集團船員撥補作業，這種掉行李之事一定家常便飯。

出了機場，車水馬龍的街道讓我吃了一驚，以為是人煙稀少的清靜渡假小島，沒想到這麼熱鬧，安東尼奧先帶我們三人去吃午餐，接著去茅利塔尼亞領事館辦理簽證。

領事館隱居於公寓大廈內，到達領事館時已是下午三點。大門深鎖，安東尼奧長摁著電鈴，無人應答。今天非假日，照理說不應該沒上班，我以為還在午休。

安東尼奧拿起手機撥打室內打電話，沒人接聽，撥了幾通電話好不容易接上了。又等一個多鐘頭，領事身穿著圓領T恤，腳汲著布希鞋，開著頗有歷史的豐田載著兒子，悠然的回來，下車後不慌不忙的從車後行李箱拿出釣竿及幾尾戰利品上樓去，安東尼奧示意我們在原地等待，趕緊拿著護照及相片跟著上樓，把我們丟在騎樓。

嚴格說起來外國並沒有騎樓，騎樓是閩廣建築特色。我們站在大樓稍微凸出來的屋簷下，看著熙來攘往人群，當然我也趁此時觀賞這個初來乍到的陌生地。

因屬旅遊渡假勝地，各色人種都有，穿著不同；有穿皮鞋的上班族，有汲著夾腳拖的遊客，有身罩寬鬆黑袍，裹著黑色頭巾，不見真面目的穆斯林婦女，有怕熱的正妹只穿細肩帶上衣，不！應該說內衣，有吃得肥滋滋的大胖子，挺著大肚腩，形形色色好不熱鬧。

歐洲人生活於寒冷地區，在沒有電的時代，冬天身體需儲存高熱量蛋白質食物以備過冬，如同動物要準備冬眠，每餐必以牛羊大量肉品為主食，飯後佐以甜食，長久以來造成具有大腹便便的DNA，尤其中年過後，不論男女像是膨脹的氣球，個個肥滋滋。所以東方人即使是胖子，與西方人相較起來應屬於苗條等級。

過了個把鐘頭，安東尼奧拿著簽好的護照，載我等一行人去飯店check in。原來茅利塔尼亞人口只有三百多萬，駐加那利群島領事館只有領事一人，辦公室兼住家，到這個國家公幹的人不多，旅遊者更是屈指可數，何況這裡並非是進入茅利塔尼亞的唯一門戶，領事平時無事可辦，所以帶兒子到港口釣魚打發時間去了。

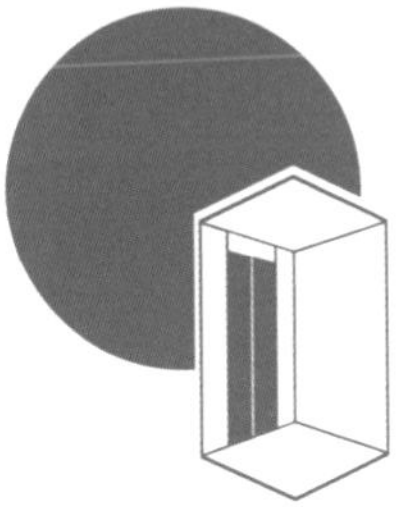

行李任遨遊
心情盪深谷

我們是住在一片高聳入雲的五星級飯店群……旁邊的五層樓「大」飯店，我心想，還好至少也有一個「五」。

距離上次洗澡前後已超過三天，Check in後迫不急待的衝入浴室先沖個澡，出來後，才想起旅行箱沒跟來，沒有換洗衣褲，只好把剛剛脫下的內衣褲換個面穿，反正天氣不熱。

萬國漁業集團有數十條船在世界各地捕魚，大加那利島正好有兩艘萬噸級漁船在此歲修，兩位中國籍船長知道貴客到達，特地選在一家台灣人開的餐廳替我們接風，老闆娘是高雄來的，她告訴我們三毛常來這間店用餐寫作，我是三毛粉絲，羨慕她能時常款待三毛，我也高興有幸能與三毛同餐廳用餐，不知那篇描寫加那利群島的「逍遙七島遊」是否在此完稿。

姜船長與崔船長均來自山東，四十出頭青壯年，常常開著船遨遊四海到處捕魚；酒酣耳熱之際，天南地北的聊，毫無設限，當然我們也談到三毛，兩地政治，氣氛融洽，沒有爭執；他們也告訴我到茅利塔尼亞經過撒哈拉沙漠之趣聞……消除我對未知旅程憂慮感，一直到餐廳要打烊才散席。

臨別時，姜船長拿出一個當地提袋裝的禮物，我以為中國人也像日本人送見面禮，客氣推託一番才收下，打開來，原來是三套背心與內褲，他知道我們今晚沒有盥洗衣褲，超體貼心的，長年出門在外的遊子總能替他人多耽點心，回到公寓穿上那件鮮紅小褲褲，雖然它只能包住我重要部位，但他們的熱情已包住整個心窩。

翌日起了個大早，安東尼奧六點準時來接我們去搭飛機。

到了機場，以為行李箱會乖乖排排站等主人領回，結果服務中心窗口高掛著昨晚下班前掛上去的「close」牌子，當然也不見我們的大行李箱，安東尼奧絲毫不在意，領著三人直往班機 check in 櫃檯走。

三人像待宰豬仔，被主人趕往屠宰場一樣。

我想三人都只有隨身行李，相關資料及工具都沒有，兩手空空要去開什麼會。我告訴安東尼奧我們要留下來等行李，且態度堅定。起初他不同意，非常不高興，溫和善良的安東尼奧瞬間變臉，因為兩到三天才有一班飛機飛努瓦迪布，可能他經手的船員沒人敢如此抗命，行李遺失都是後送處理。

我告訴他，我們不是普通簽有賣身契船員，船員去就是住在拉椰題號海洋漁產加工廠，至少一～二年才能回家，我們是船東的VIP，開完會幾天就回來，若把行李後送，再次回到大加那利島，搞不好行李反而到拉椰提號上，我們回到台灣，行李尚在虛空旅行。

經過我的堅持與解說，他才無奈的拿起手機撥一通電話，嘰哩呱啦說一大堆聽不懂的話。忽然把手機交給我，我茫然的接過手機，以為是打給權餘宋總經理。

遂「喂！」一聲，

對方卻回「Hallo!」

陌生的聲音，心想糟了！又是說英文的，也不知是何方神聖，不能用紙筆，不能比手畫腳，腦袋快速搜索能夠用的英文詞彙與單字解釋，幾番折衝，對方終於聽懂了，同意搭下一班機，下一班機是二天後的事。

安東尼奧心不甘情不願地把我們載回市區，丟在一家早餐店，安東尼奧像無力扶養三個小孩的單親媽媽，告訴他們「媽媽馬上回來」就消失得無影蹤。

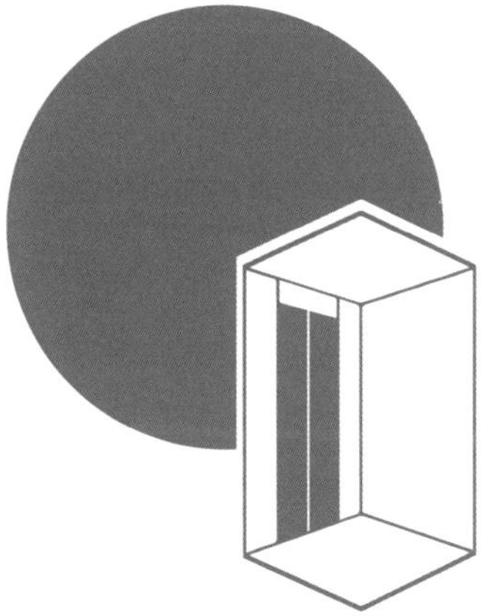

茅塔歷險記

II 境隨心轉探異鄉

塞翁失馬 焉知非福

早餐店生意不錯，客人來來去去，三個人縮在早餐店角落，吃完早餐乖乖坐著，像等媽媽買糖果回來的小孩，想走出店外透透氣，又怕被壞人拐走不敢亂跑。老闆烘著漢堡，煎著荷包蛋，雙手鍋鏟繁忙交叉響個不停，忙碌中，不時抬起頭來，斜斜射出懷疑目光；我在揣測他會不會偷偷報警：「這裡有三個黃皮膚的老棄嬰」。

N個小時過去，安東尼奧終於出現在店門口，手上還提了個大皮箱，真的讓我們等到糖果，可是還有二個呢？他攤開雙手給了個無奈表情。

用完早餐，等到近午時分，安東尼奧才送來一只皮箱。無奈之下，順便在這家早午餐店吃午餐。飯後安東尼奧把我們送到飯店，只丟下一句「我找到行李就送來，不要跑遠」，頭也不回留下車尾白煙就跑了。

這次不是昨晚的「五」層樓大飯店，是靠近海灘的渡假公寓，是高檔的海景豪華套房，拉開窗簾，陽光沙灘一覽無遺，房間寬敞，還有廚房、冰箱、電器爐、鍋碗瓢盆一應俱全。入住後，倒頭便睡，既然不能前行，乾脆放鬆心情，把這三天未好好睡的眠一次補足。

一覺醒來竟是過了晚餐時刻，神智尚處於渾囤朦朧狀態。

空谷忽傳來「咕！咕！」叫聲，原來飢腸在呼喚，胡亂擦把臉，叫醒另外兩人就出外覓食。出了渡假公寓門口，左邊傳來海浪拍岸聲；右邊望去，道路筆直前伸，灑下金黃色光的路燈矗立兩旁，遠處餐館招牌隱約可見，現在無心觀海耍浪漫時刻，先填飽肚子再說。

毫不猶豫的往右拐，經過兩個街區，果見餐館林立，中西式都有，也有掛著「SUSHI」招牌的日本料理店，估計此地應有日本移民或船員，此地距離日本太遙遠，日本遊客應該很稀少。

我喜歡日本料理，在台灣時常光顧日本料理店，但是除日本本地外，只有台灣還有五到七成勉強可說日本料理，其他國家就差得遠了。舉例來說，我最喜歡的親子丼，醬汁是丼飯的精髓，東京與京都就無法比擬，台灣更是差一大截。因各國的日式料理都加入當地文化，以符合當地消費者口味，有五成像就不錯。

一路趕來，飛機上的餐點與甜食，已把我胃搞得很不舒服，尤其咖啡加上甜食，更讓我的胃酸翻騰，多次湧上心頭抗議，此刻我需要一碗熱騰騰的湯，來撫慰我的胃，壓壓胃酸焰氣，西洋人不愛熱食，一碗濃濃蘑菇湯，雖然濃郁順口，但西洋味十足，都是在主食上來之前就喝完，我喜歡台式湯，可在飯前、中、後都可享用。

我習慣台灣傳統吃法，飯前先喝一小碗熱湯暖胃，一面吃白飯一面吃菜，或喝湯順喉兼暖胃，習慣上與洋人不同，還是中式料理最佳，我選了家香港人開的熱食餐館，點碗港式雲吞麵，切盤燒雞，飽食後，胃舒服了，眼皮也加重，回飯店補眠是最佳選擇。

翌日清晨五點醒來，一夜好眠，神清氣爽，又是一尾活龍。走出旅店大門，毫不猶豫直接向左拐去，未及百來步就到岸邊，沿著海岸線有條十來米寬的人行步道，綿延不見盡頭。

天空漸朦朧，一抹淡粉晨曦塗在上空，霧靄尚舖陳在北大西洋上，岸邊是一大片沙灘，沙灘像條白色絲巾，隨著漫妙舞姿蜿蜒開來，此刻應是退潮時間，湛藍海水，大器的謙讓著沙灘，漸漸退回海洋。

岸上商家櫛比鱗次，以出租弄潮用具居多，沙灘車、傘、躺椅、衝浪板，販賣泳衣褲、泳圈、蛙鏡……等泳具店，偶有清涼小棧、小咖啡館、小餐館，這些店家都還在睡夢中，唯有一大群早起者在慢跑或快走。

我隨身帶的公事包，內雖有筆電、手機、相機還有一台DVD隨身播放機，但充電線全部在大行李箱，當殘電用罄時，這些全成為不能玩的「玩具」，啥也不能做。閒來無事，就跟著人群晨運往前慢跑。

到達當晚，我給權餘公司的麗莎小姐發條短信後，就立即關機，留些殘電當作最後求救用。也不敢告訴老婆，深怕她胡思亂想，擔心受怕於事無補。

漂落到比魯賓遜幸運的小島

今天主要且唯一工作就是等大行李，雖是耽擱行程，也意外的讓我賺到一天假日，且是在亞洲人鮮少光臨美麗小島上。

有時換個角度思考，就會有不同境界出現，改變舊有思維，跳脫既有框架，你會看到不同風景，法鼓山聖嚴師父說「山不轉路轉，路不轉人轉，人不轉心轉」。在這邊擔心行李沒來，擔心資料不見，擔心沒有衣褲可換，不如靜下心來，好好享受這難得的異國假期。

二十世紀初，座落在北大西洋中的加那利群島就是歐洲人的避暑渡假勝地，大加那利島是七個火山島中的最大島。首府拉斯帕瑪斯，也是最適合渡假的地區。沒有想到陰錯陽差幸運得此假期，在此享受一日閒，可說是塞翁失馬，焉知非福，未來的旅程是艱險？或是像在此小島般悠閒，就暫時拋到九霄雲外。

沙灘旁的步道上有藝術家精鑄的銅雕，每隔二、三百公尺就矗立一座，栩栩如生。跳舞少女、撐竿少年、孩童嬉戲、希臘神話裡曲線玲瓏凹凸有致的女神、展現力與美的海神，我對希臘神話故事不熟，當然這些神祇大都不識；也有抽象藝術雕作，頗富想像空間，原來昔日海上霸主的西班牙，不止是粗獷，也充滿藝術氣息。

順著海岸線，藝術雕像一座座欣賞過去，不知不覺走了幾公里，太陽已掛到頭頂。綿延的海岸線，似無盡頭。心中仍惦念著行李，擔心安東尼奧送來行李時找不到人，遂轉頭順原路返回。

旭陽升起，海面霧靄已散，店家陸續開門營業，我希望能在賣泳褲的店家或雜貨店，或找間小七，買幾條免洗內衣褲；都讓我失望，

拉斯帕瑪斯海邊男神雕像

拉斯帕瑪斯海邊女神雕像

・製作中的沙雕

・已完工的沙雕

想起台灣街頭到處林立的便利商店，這裏竟然是苛求，想想還是家裡的好。

甦醒的沙灘像調色盤般，佈滿五顏六色大遮陽傘，趁著陽光尚未熾熱，沙雕藝術家已開始工作，看他們聚精會神的將散沙堆砌，我不禁駐足觀賞。第一次如此近距離欣賞沙雕創作過程，一堆散沙在他們的抹刀下，凝聚成栩栩如生的雕像，創作功力讓我折服。

沙雕的材料就地取材，不需材料成本。藝術家先在腦海構思題材結構，先將沙慢慢堆砌粗略造型，再來粗部加工，最後細部修飾。抹刀是主要工具，艷陽下，一刀一刀將心中作品，透過眼手呈現出來，他們的創作是細膩、耗時才能完成，保存卻是短暫的，精心堆砌的作品可能在一場雨就毀了。

猶如生命，接受國家社會精心栽培，若不珍惜，任意糟蹋，很可能瞬間消失，我們應把握短暫生命，爆出精緻火花，將個人生命給這世界留下永恆驚奇。

又如同代表日本武士精神的櫻花，經過漫長寒冬孕育，花蕊在短短二周努力綻放，叱吒嫣紅；時間一到，隨風繽紛落地，姿態優雅，毫無眷戀。日本古代武士們卑微謙稱「侍」，侍奉主公，侍奉國家，該為主公犧牲，拋頭顱時毫不猶豫。

反觀，我國徵調年輕力壯的青年，接受密集嚴格軍事訓練，為的是保家衛國，平時的養兵訓練，期望戰時能為國家犧牲。

然天下太平已逾七十餘載，台灣被天天喊主權的政客洗腦，使得將士、警察對國家意識弄得混淆不清，阿兵哥不知為誰而戰為何而戰？被政客當作附屬品，呼之即來揮之即去，因政客們心中只有權與利。

阿兵哥隨時上戰場殺敵的信念早已模糊，有的是苟且偷生信念。當國家發生危難之際，將士是否還有為國家生存而戰，為保護這塊民主聖地犧牲之決心？

岳飛說：「文臣不愛錢，武臣不惜死，天下太平矣。」，現在台灣文武臣都愛財惜死，只想權與利；國家安全概念早蕩然無存。

估計拉斯帕瑪斯早班飛機應已到達，約十點鐘安東尼奧從機場趕來旅店找我們，仍是兩手空空，他是一位負責任勤勞的人，他告訴我，下午班機如果有送來行李來，會拿到旅店，反正今天走不了，建議我們何不到拉斯帕瑪斯市區觀光，放鬆心情欣賞這個小島，真是佛心來的。

解放桎梏的心靈

接受安東尼奧建議，再次踱回海邊，天空是藍的，不帶一片雲彩，海天一色湛藍的世界，心情安定不少。沙灘上已佈滿弄潮人群，遮陽傘下躺著許多身材惹火的比基尼女郎，海裡也多了弄潮兒。

沙灘上，有三男二女青年在沙灘嬉戲特別引起我的注意，皮膚稍黑，男的瘦削臉上留滿落腮鬍，赤裸上身穿條泳褲；女的一頭長髮，火辣三點式泳裝，會讓人噴火的身材，我判斷他們可能來自保守的中東阿拉伯國家，五人瘋狂嬉鬧，不避諱男女有別，從沙灘鬧到水裡，又從水裡嬉回沙灘，被解放的心靈與被桎梏的中東伊斯蘭國家的女性完全兩極。

他們可能認為在這天主教國度，是聖母瑪莉亞管轄區域，慈愛聖母會庇護他們，所以毫無忌憚，盡情享受，又或許根本就是屬於非中東國家的基督徒。

我去過中東的阿拉伯國家，在沙漠國度，嚴謹的伊斯蘭教，嚴肅宗教教義控制著人的生活與思想，用宗教教規嚴格控制人民生活規範的國家，過度解讀阿拉所訂的旨意，宗教警察嚴格執行國家給他們的任務，人民沒有休閒生活，有美食沒有美酒，鮮豔裝飾卻缺乏藝術氣息；宏偉的清真寺到處林立，每天五次的朝拜祈禱是最大的心靈寄託。所以產油國家的有錢人，最大的娛樂是買名車、出國旅遊解放心靈。

那些讓婦女罩著黑袍，裹著面紗僅露出兩眼國度的男人實在自私，他們愚弄女人，桎梏女人，又何嚐不是顯示自身狹隘心態。

這個被作家三毛形容是大海中的七顆鑽石群島，如果要好好欣賞的話必須一個月時間，我的任務是出差談業務，只有幾小時停留。下午時間遂選擇參加四小時的城市之旅行程，搭上十五分鐘一班次的城市觀光巴士，巴士頂層是開放式，徜徉其上，欣賞湛藍天空，享受北大西洋溫馨陽光，海風拂面，涼爽得讓我想睡覺，把失聯行李一事暫拋諸腦後。

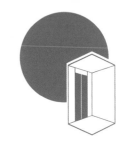

拉斯帕瑪斯市有環狀線觀光巴士，鮮紅色車身，經過幾個固定景點。可在停靠站隨意下車參觀，參觀完再搭後面班車，繼續下一個觀光點。

建於十五世紀的聖安娜大教堂是重要景點，自由行沒有時間約束是優點，但內容沒人解說背景歷史是自由行的遺憾之處，雖然解說員說得口沫橫飛，我聽不懂只能隨著參觀路線走馬看花，拍拍照而已，沒能欣賞這顆鑽石璀璨之處。

勇敢向前行

翌日，大清早安東尼奧盡責的來到旅店，他說機場有一個行李。到了機場果然一個黑色大行李箱，孤伶伶放在失物招領處空蕩櫃檯，興奮地趨前一看，不是我的，心裡雖失望，但至少行李來了三分之二。

時間不容許再拖延，下班飛往努瓦迪布機場的班機是三天後，如果天氣欠佳，還會有停飛之險，時間不容許我再延期，我只好拎著小包包，穿著在旅店櫃檯購買的T恤，忐忑踏上未知的旅程。這是我首次花了五天尚未到達目的國家的出差紀錄。

螺旋槳小飛機，有六十個座位，屬於西班牙航空，專門穿梭在各離島間。除了機組人員及我們三位黃皮膚外，其餘皮膚全都是黑的發亮的乘客。兩位白人機師搭配兩位年輕貌美白人空服員，與乘客成強烈對比。

空服員身高約一百七十公分，屬模特兒身材，金髮碧眼，細緻皮膚襯托秀麗五官，大大藍眼睛長睫毛，像兒時流行的洋娃娃翻版，優雅的為旅客服務，讓我忘卻沒有行李之失落感。賞心悅目，在轟隆隆螺旋槳聲中，二個小時航程似乎瞬間就到。

機長照例在下降前半小時廣播，我強力拉回黏在亮麗空服員身上的目光。轉頭望向窗外，窗外景色讓我震驚，黃橙橙的一大片沙漠，極目望去，不見盡頭，半小時過去，飛機終於降落在一片沙漠上，沒有看到跑道，我懷疑飛機是否迫降？

可是我感受不到迫降劇烈震動，美麗的金髮碧眼空姐也是一臉鎮定，可是航廈、地勤人員呢？倒是看到兩隻瘦巴巴又髒兮兮的黑白混雜的山羊，顳頂的走向機門迎接。

「該不會遇到劫機」心裡在嘀咕，剛剛欣賞漂亮媚媚愉悅心情消失無影蹤，內心焦躁不安，期待心情像經過半世紀之久，其實才二十幾分鐘，機艙門終於打開，一股帶著羊騷味的燥熱空氣飄進來，耀眼陽光射進艙門，好像看見釋迦佛祖祥光降臨般興奮，魚貫走到機門，機上的活動階梯下面用石塊墊幾級台階，地勤人員該不會去找石塊才耽擱那麼久吧？下機後回頭望向機輪，機輪周遭都是黃沙，跑道原來是被黃沙覆蓋。

努瓦迪布（法語 Nouadhibou 簡稱迪布）是茅利塔尼亞第二大城，位於半島上，人口約十萬人，最主要經濟是漁業與礦業，西緊鄰西屬撒哈拉，東瀕大西洋。有商港，碼頭泊位五個，全長約一千公尺，水深十六米，是茅國最大港。主要輸出鐵礦、海產加工品。有年產一百萬桶煉油廠，及小機場。[1]

迪布機場航廈是由空心磚塊簡單砌成的矮小房子，十坪大的房子，幾個旅客擠進去就塞滿，難怪我看不到「航站大廈」。移民官員熱心的為入境旅客填寫入境表格，超溫馨的，原來旅客皆為同胞，大都是白丁。

我看了入境表格也傻眼，不知是哪國文字，一個字也看不懂，瞬間也變成白丁，官員看出我們的窘境，也熱心要幫我們填寫，當他看到是Republic of China「Taiwan」關鍵字的護照時，興奮地往後大聲呼叫，我以為偉大的中華民國政府在這兒也設辦事處，事先知道台灣的子民到達，派駐茅塔代表來接機。

正幻想中，通道盡頭一位高大男子，披著聖經裡摩西白袍，邁開大步過來，彷如英雄本色的小馬哥，只是人與袍顏色不同，原來是萬國集團當地代理商經理土庫勒先生親自來接機，剛剛真是想太多；他把護照丟給移民局官員，一位看似移民局高官的人，領著我們以國賓禮遇通關，拋下吵雜人群帶我們進入VIP室。

進入貴賓室，立即有人送上飲料，飲料似乎是茶，顏色卻濃得像咖啡，甜甜的稍帶苦澀，少許薄荷味道，坐在沙發上舒適的等護照查驗。所謂貴賓室也不過是擺幾張破舊沙發的簡陋房間而已，但已感覺到有一股濃濃特權味道，虛榮在心中緩緩升起。

等待護照查驗時，一位黃皮膚穿着白色上衣，深色西褲，頭髮梳戴整齊的年輕華人，面帶微笑地走進來，莫非真的駐茅塔代表來接機，心中又是一陣竊喜，腦袋又在做夢。年輕人來到我面前，操著帶有北京腔的普通話，伸出手禮貌的向我問好，原來是萬國集團派駐茅塔的駐地主管，名叫小凱來自中國河南，會說法語；真的是駐茅利塔尼亞代表。

小凱進到貴賓室，坐在我對面的椅子上，眼睛盯著我手上提的兩瓶威士忌，起初我以為他在此物資缺乏，覬覦這兩瓶威士忌，大概希望晚上就幹掉。

「茅塔是回教國家，全國禁止販賣有酒精飲料，待會兒發現會被沒收，我先幫你收起來」小凱用中文告訴我，說完他從背包拿出一個袋子，巧妙的將兩瓶酒遮起來提在手上，趁要去拿行李的空檔，將酒放到土庫勒先生車上，小凱果然機靈。

小凱是不喝酒的，煙倒抽得很兇，我以小人之心錯怪他了，後來到了肖特，送給他一條菸，心理向他道歉，當然我不會告訴他剛才的誤會。

在貴賓室寒暄不到幾句，茶尚燙口，護照就送來，有特權真好。

---

1. 努瓦迪布港口：中國外貿協會，世界主要港口介紹——努瓦迪布港。

勇闖撒哈拉沙漠 探險陌生國度

小凱與土庫勒陪我們進入另一個水泥矮屋提領行李。屋內擠滿吵雜人群，有一隻枯瘦老山羊在人群中穿梭，還有從外面坐著輪椅來接親友，順便乞討些生活費，或許專門在入境行李房行乞的乞丐。

但個把小時過去，行李還未出現，停機坪只有一架飛機，近在咫尺，不應等那麼久才對。

從海外歸國的旅客與接機親友，把小小提領行李房間，擠得寸步難行，興奮的吵雜聲，勝過菜市場討價還價聲，我懷疑是否已正式入境茅利塔尼亞？

行李該不會又沒跟來？那在拉斯帕瑪斯豈不是白等了，我走出吵雜的提領行李小屋透透氣，屋外一片黃澄澄的沙覆蓋著大地，可是這是直飛班機，並無轉機，莫非航空公司疏忽，兩件行李沒跟我們上機。

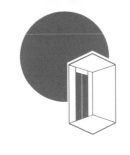

腦袋立即浮現兩只行李孤零零被遺忘在機腹下，它們睜睜的望著主人隨大鳥飛上天空。我的思緒尚留在大加那利島的機場，一朝被蛇咬的驚恐，瞬間在腦海中盪開。

疑惑中，只見三十公尺外的飛機側腹下，四個瘦黑漢子，赤著腳穿著短褲，上衣襤褸，在黃沙漫漫中，吃力推著三輪板車過來，像放著慢動作的影片，緩緩靠近，車上橫七豎八堆放著從機腹卸下的行李，有的行李還是用麻布袋綑綁。

風塵僕僕而來的行李，終於放上嘎啦嘎啦價響的輸送帶，大家蜂擁而上，一陣混亂，最後剩下我們的二個行李，終於讓我鬆了一口氣，我們終於正式進入茅塔國境。

搭上土庫勒經理的吉普車，出了「機場大廈」，剛開上水泥馬路，就遇到三隻羊咩咩，站在路中央迎賓，土庫勒當然不會像你我那樣斯文，停車靜等羊咩咩離去；土庫勒根本沒在讓，他猛按喇叭，嘴巴吐出一串字（應該是他們的國罵），未減速就直直衝過去，三隻羊咩咩也根本沒在怕，來個凌波微步，戲謔的往旁輕輕挪移就閃開了，還爽快的「咩咩！」回嗆兩聲。

當地車子雖不多，這種遊戲對羊咩咩來說應是家常便飯，來到世間早就具有天龍八部裡，段譽凌波微步的上乘武功。

土庫勒原來是我在拉斯帕瑪斯機場與我通話的茅塔人。透過小凱的翻譯，他告訴我們，茅利塔尼亞盛情款待貴賓的是「烤全羊」大餐，一般人家庭料理都有羊肉，所以他有點椰榆的說，這三隻羊咩咩再過兩天就會躺在餐桌上。

路上人車稀少，沒有紅綠燈，車行十來分鐘，他帶我們來到鎮上，停在一家土庫勒口中的「便利商店」買飲料，順便在廣場前等來接應

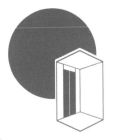

• 土庫勒先生的便利商店

的人。

所謂便利商店，不要去想到在你家我家樓下，燈光明亮的小七，或「你家就是我家」的全家，而是比台灣四〇年代更落後的柑仔店，偏鄉低矮的土角厝，枯草蓋頂，沒有窗戶。昏暗燈光下靠牆架上，只擺著幾包餅乾，礦泉水等飲料，當然沒有一次性內衣褲，應該叫柑仔店才對。

我謹記出門在外不要亂喝當地飲水之訓條，即使是瓶裝水，有可能是自家裝填未消毒的地下水，喝了保證拉肚子；珍貴的是架上竟有可口可樂，仔細檢查，瓶蓋未經人為加工，瓶子是原裝的，確實不是自行裝填，小凱也口頭掛保證是原裝進口，為了腸胃安全我們選了可口可樂，以保安康，雖然我不喜歡含糖飲料。

約莫半個鐘頭，萬國集團在茅利塔尼亞代辦公司的老闆苛努先生，開著本田旅行車來接我們三人。小凱要帶我們上拉椰提號，共四人同行。苛努的總公司在茅塔首都肖特，正好來此辦事，要回肖特，順便載我們一程。

拉椰提號在茅塔的北大西洋經濟海域捕魚，我們必須到努瓦克肖特（Nouakchott 簡稱肖特，又譯諾克少）搭接駁船，努瓦迪布距離肖特約有五百公里，原來有西班牙的飛機航班，因人客稀少目前停航。

二城市之間有一條雙線道水泥公路相連，出城與進城兩端各有一警察檢查哨，中間每隔五十公里設有憲兵檢查哨，共有十個檢查哨。位於中間有個驛站，就是所謂的休息站，設有穆斯林祈禱室、簡易餐廳、咖啡廳、廁所，其他空無一物，途中都是黃澄澄沙漠。

憲兵檢查哨有軍隊駐紮，位處沙漠中，軍營豎有高塔儲水，兼作

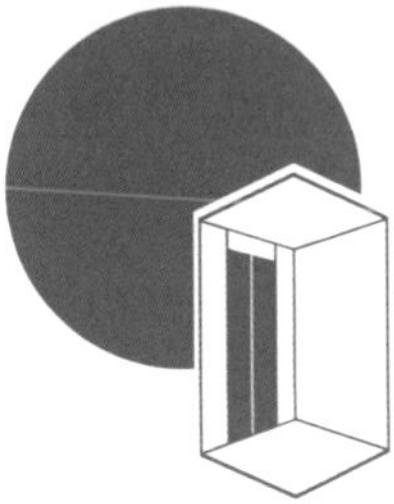

無線電發射塔，兩用的。房舍倒是蓋得比機場大廈顯目，國際組織援助，採用環保綠能，在屋頂上鋪滿太陽能光電板，沙漠中不缺的是陽光，日照充足，發電效率高，這兒夜晚應該是比城市還亮。太陽能光電板發電量若不足，另配有汽油發電機才能供電給馬達抽水。

出城前，第一個警察檢查哨，警察翻翻證件，也詳看我們的護照，車裡坐著五個人，三個台灣人、一個中國人、加上開車的茅塔人，來自三個國家，組成小聯合國，我想他大概鮮少見到；向苛努問了些話，沒有刁難敬個禮即刻放行。

一出城，放眼一片荒蕪，道路兩側幾叢枯黃雜草，在風沙中做些點綴。偶有幾頭單峰駱駝啃噬乾枯雜草充飢，駱駝吃草附近有低矮房舍，房舍外表簡陋，不若城市，低矮的長方體造型，高檻矮門沒窗戶，這裡的窗戶是沒有功能的，只會讓更多的黃沙進入屋內。

迪布通往諾克少公路的第一道關卡。

撒哈拉沙漠荒煙漫漫，前途渺渺。

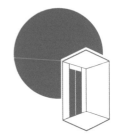

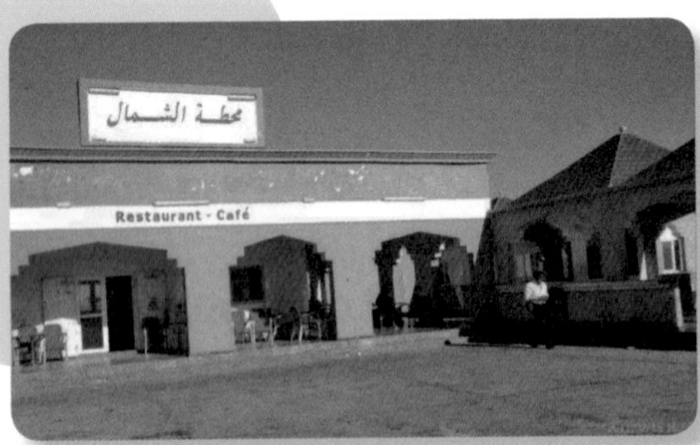

• 茅利塔尼亞建築特色：公路餐廳兼休息站

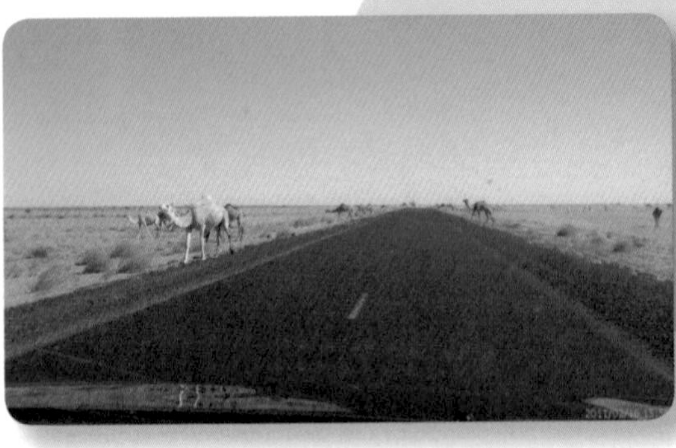

• 偶遇漫步綠洲駱駝

一路直行，每達檢查哨前五十公尺，苛努停車待檢，等候衛兵招手，才慢駛到衛兵崗哨受檢，衛兵只看駕駛者苛努先生證件，沒有多話連我們的證件都懶得拿，只跟駕駛者苛奴例行性問答話，禮貌的敬個禮就放行，其實前後都無車，柯努還是規距的在每個檢查崗哨前五十公尺停車候傳。

苛努說多年前，曾有總統車隊，侍從官自持有總統特權，囑咐司機不必停車逕行通過，沒想到衛兵見狀，攔阻不及，車隊衝過檢查哨，衛兵拿起機槍一陣狂射，把車隊逼停，傷了一位侍衛，總統大人不但不怪罪，還很有風度的召見該衛兵褒獎一番。從此以後沒人敢隨意亂闖檢查哨。

車子穿越撒哈拉沙漠西南角狂奔，筆直的水泥路似乎看不到盡頭。奔馳中，前不見來車，後無追隨者，沿路除了無限延伸的道路，放眼望去只見大片黃澄澄沙丘，起風時，黃沙滾滾，前途一片朦朧，水泥道路蒙上黃沙幾近淹沒，苛努開亮車燈，小心翼翼盯著路面，如同霧中行車緩慢前進。

沙塵暴過後，窗前、引擎蓋上鋪上一層黃沙，苛努必須下車拿根撢子輕輕拂拭窗前黃沙，避免雨刷刮出傷痕，我們也趁此機會下車活動活動筋骨。

偶有隆起之沙丘，有如電影上曲線玲瓏有緻的丘嶺呈現在眼前，我伸頸祈盼，極目搜尋，期望稜線分明的丘嶺上出現電影中，一支穿著白袍的阿拉伯駝隊商旅，頭覆白色頭巾，以黑色髮結固於頭頂，白巾嗚著口鼻，趕著幾十隻掛著銅鈴的駱駝，盪開清脆銅鈴聲，在荒漠中頂著艷陽，伴著藍天悠遊行走在丘稜上。

正沈醉在幻想之中，道路盡頭彷彿出現無數隻駱駝，漫步大漠中，該不會是海市蜃樓？可是我身旁還有未喝完的可樂，不缺水，舒服得坐在車內，也沒累得精疲力盡頭昏眼花，不該有此幻象才對。思考中

• 電影畫面呈現在眼前

車子漸漸靠近，真的是一大群駱駝，不同的是祂們分散在大漠中，悠然的啃著枯黃水草覓食，「有夢最美」果然實現。

苛努先生告訴我們，駱駝在他們國家是國寶，因為茅利塔尼亞全境四分之三面積以上是沙漠，氣候乾旱缺水，有「沙漠共和國」之稱。稍微富裕的家庭都有養駱駝，平時可以擠駱駝奶當水喝，剛擠出來的駱駝奶尚有餘溫，香醇可口。重要貴賓來訪，他們會趕一大群駱駝去機場迎接，當場擠出大碗駱駝奶以饗嘉賓，表示尊敬，駱駝迎賓乃是茅利塔尼亞迎接貴賓的最高禮儀，有機會我想嚐嚐駱駝奶的香醇滋味。

寂寞長路，風沙陣陣，駝群過後，大漠仍是黃沙滾滾荒煙漫漫，苛努說幸好有我們相伴，否

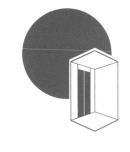

則孤零零一人上路豈不孤單；我們幸好有苛努親送，否則搭擁擠破爛的公車前往，必顛簸難行，身處異鄉，該感謝的是我們才是。

我忽然想起二千一百年前，王昭君奉西漢元帝之命嫁給匈奴單于和親，為了國家長治久安，為了百姓生活安定，弱小女子無奈的擔負此重責大任，毅然走上這條不歸路；她並不知未來的處境：

「**返照雁門關上，塞外風霜，悠悠馬蹄忙，整日思想，長夜思量，魂夢憶君王。**」

王昭君歌詞裡道盡千萬里外，弱女子在胡人帳篷裡的淒涼與無奈。[1]

在那封建時代，無奈的接受命運安排，如此高超情操，千古年來贏得騷人墨客傳頌。王昭君當年出塞穿越大戈壁沙漠之際，是否也是如費玉清唱的「夢駝鈴」歌詞中之描述：[2]

「攀登高峰望故鄉，黃沙萬里長；何處傳來駝鈴聲，聲聲敲心坎；盼望踏上思念路，飛縱千里山；天邊歸雁披殘霞，鄉關在何方；黃沙吹老了歲月，吹不老我的思念；曾經多少個今夜，夢迴秦關，風沙吹不去，印在歷史的血痕；風沙吹不去，蒼白海棠血淚。」

一千四百年前大唐僧人玄奘法師發願西行天竺取經，當他離開第四烽燧，必須越過八百餘里（約今二百七十多公里）[3]的莫賀延磧沙漠，一人一馬踽踽獨行，無際沙河如同汪洋大海，只見沙丘，不見指路標示，法師迷失方向，遍尋不著野馬泉（有飲水之綠洲），法師一度有回心轉意東還第四烽燧，然想起先前之發願，遂調轉馬頭繼續西行，在沙漠中四天五夜滴水未入喉，玄奘法師堅毅無比之心境非凡人所能比擬，法師除誦持觀世音佛號與般若心經摒除幻魔心魔，忍渴耐飢，仍執意西行，終達成心願取得真經，其毅力古今中外無人可比，玄奘法師翻譯之經典鉅作，千百年來解救億萬世人離苦得樂。

大慈恩寺三藏法師傳，卷一描述：

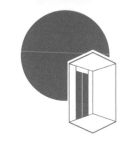

「上無飛鳥，下無走獸，復無水草。是時顧影唯一，心但唸觀音菩薩及《般若心經》」

「時行百餘里，失道，覓野馬泉不得。下水欲飲，袋重，失手覆之，千里之資一朝斯罄。又路盤迴不知所趣，乃欲東歸還第四烽。行十餘里，自念我先發願，若不至天竺終不東歸一步，今何故來？寧可就西而死，豈歸東而生！於是旋轡，專念觀音，西北而進。是時四顧茫然，人鳥俱絕。夜則妖魑舉火，爛若繁星，晝則驚風擁沙，散如時雨。雖遇如是，心無所懼，但苦水盡，渴不能前。是時四夜五日無一滴沾喉，口腹乾燃，幾將殞絕，不複能進。」[4]

聖人之所以偉大，是在別人認為應該放棄時，他堅持下來；與他人共處逆境時，別人失去信心，他意志堅定，勇往直前，毫不猶豫，不對自己能力設限，朝著自己設定目標邁進，不達目的誓不罷休。

吾輩何其有幸，生長在二十一世紀，科學家的鑽研，在沙漠深處汲取億萬年前埋在地層深處的原油，利用科技提煉可燃液體灌注入引擎，賦予機械奔馳動力，高速汽車取代了緩慢前行駱駝，五百公里不花三個時辰即可到達；沙塵風暴襲來，只要搖起車窗，就將漫漫黃沙阻隔於另一世界。

心念至此，取出置於夾克內袋之佛珠，執在手中默念南無觀世音菩薩佛號，壓平心緒，祈求未來路途平安順遂，感念臨出門時，佩樺多次叮嚀隨身攜帶佛珠相伴，幸好佛珠未在大行李內。

黃昏降臨，夕陽已在遠處大漠沙丘後降落，殘霞染紅天邊，映照大漠一片紅光，我們終於到達努瓦克肖特。

車子直接開到下榻旅館，抵達時天色已黑，只感覺是住在隱身於村莊中的民宿，房間寬敞又乾淨，單是淋浴間就比日本窄又小的商務套房還大，只是淋浴間水壓稍弱水溫不高；還好是在非洲，並不覺寒冷。

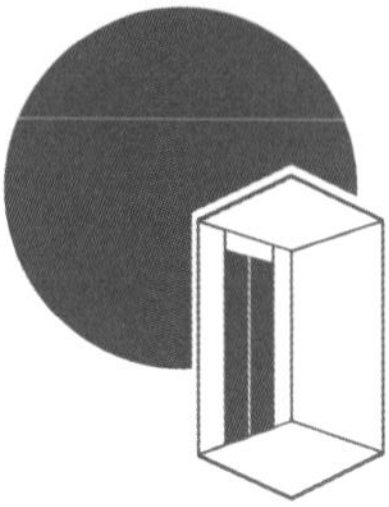

今天一大早天未亮，由西班牙拉斯帕瑪斯旅店出發，趕赴機場，尋得大行李箱一只，搭兩個小時螺旋槳飛機，再坐車穿過五百公里的撒哈拉沙漠，到達此鎮也已經入夜。馬不停蹄，舟車勞頓，早已累趴，只想好好休息，但小凱仍盡責帶我們去吃晚飯。

村莊沒有路燈，夜晚一片漆黑，小凱在微弱月光照亮下，摸黑於巷弄裡穿梭，熟門熟路來到一家中國人開的餐廳。餐廳是內庭園式的，充滿中國風，庭園中有幾個大盆栽，高掛紅色燈籠，與外面黃沙世界有天壤之別；時序浦過元宵，大門口兩側水泥柱，還貼著紅紙黑字斗大春聯。

「**春風吹綠千紫紅、時雨催紅萬樹花**」

這春聯寫得真是不對盤，此處乾旱少雨除了沙還是沙，哪來萬樹花？千紫紅？只有大盆栽內幾叢沙漠玫瑰，耐旱海檬果，沿著迴廊有兩排鳶尾花，還有幾盆精心灌溉的綠色植物。中國老闆可能離家太久又太遠，回家一趟不容易，想念萬里之外之家鄉吧！

用完晚餐，喝了點白酒，回到飯店，身體像白蘭氏雞精廣告那顆電力快消耗光的燈泡，進入房間，倒頭就栽入夢鄉，盡快把今天超耗的電力補充回來。

翌日清晨，星星斜掛，村莊中，穆斯林喚拜塔的擴音器傳來的超大聲禮拜讚詞，猶如隔鄰，聲聲讚詞聲呼喚穆斯林教徒起來禱告，持續不斷的呼喚硬把我從睡夢中喚醒，昨日一路奔波千餘里，疲憊身軀還在休眠狀態，眼睛勉強撐開一小縫，瞇著眼，就著昏暗燈光，極力搜尋手錶長短針相對位置。

媽呀！五點不到，但真主阿拉持續的喚拜聲，像小時候媽媽叫起床，聲聲穿腦，讓我無法繼續再睡，勉強用意識拖著毫無元氣身軀起來沖澡，凛冽冷水狠狠的將沈睡惡魔驅離。

飯店內提供早餐，有法國長棍麵包、吐司、果醬、荷包蛋、火腿腸配香醇羊奶，非常豐富。茅利塔尼亞被法國統治一個半世紀之久，除了宗教信仰外，法國殖民文化深入民間，法國長棍麵包酥脆好吃，比我在歐洲吃過比打狗棒還硬的法國長棍麵包還好吃。

早餐時間似乎很寬裕，小凱沒有告知出發時間，也不催促我們。在這人口稀少，沒有工業的國度，時間不是他們追求的，順著日月星辰軌跡運轉就行，重要的是每天向真主阿拉問好的時間不可錯過。

喝著香醇濃郁羊奶，我想到昨天苛努說的迎賓駝奶，想點一杯嘗試，問了店家，老闆搖搖頭說：「駝奶要現擠才好喝，他們沒有養駱駝，所以無法供應。」此話無法辯真假，但也只好放棄。

小凱說：「今天應該可以上船。」，我問他為何會說這句話。

小凱接著說：「接駁船停在海面上，還要坐小船一個小時才能上去。」沒有回答我的問題。

小凱兀自說著，接駁船有五千噸，行走時很穩，氣象報告是晴天，風平浪靜，不會暈船，搭小船應不成問題，拉椰提號王船長在諾克少港口邊的接駁船上等我。

我很納悶昨晚他為什麼不下船共進晚餐？我擔心的不是暈船，而是前面還有多少險關要過，另外兩位同事歪著頭，用迷茫眼光看著我，想要我給他們答案。

此次出差好像在闖少林銅人巷，過了一關，隨後又有一關，小凱的話語，好像哲學教授在講課，聽得我一頭霧水，他說不清楚，也無人能過告訴我，忐忑的心早把瞌睡蟲全掃光。

---

1. 「王昭君」歌詞：作詞黎錦光，作曲：黎錦光改編廣東古音樂。
2. 「夢駝鈴」歌詞：作詞小軒，作曲譚健常，主唱費玉清。
3. 秦漢唐時期，長度單位一哩路約等於〇點三四六公里。
4. 摘自大慈恩寺三藏法師傳，卷一。

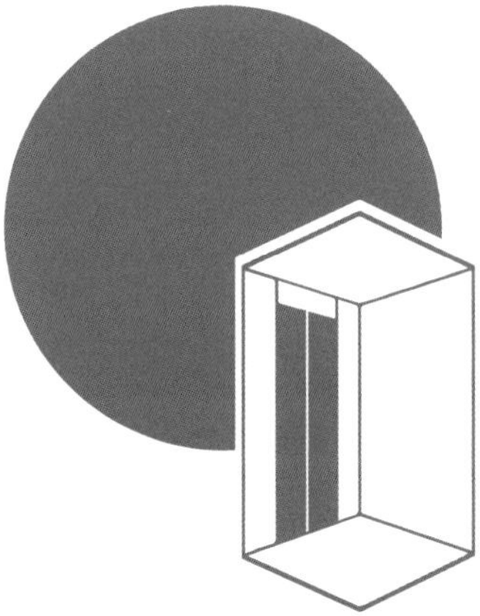

茅塔歷險記

III 關關難過關關過

富有的貧窮國度

萬國集團派在茅塔的長期特派員小凱，是個不到三十歲的機靈小伙子，能言善道、法語流利，是被派駐茅利塔尼亞的最大因素，茅塔的官方語言是阿拉伯語，因曾被法國統治過，一般民間通用語言是法語，小凱平常聯繫的工作很多，時常往來迪布與諾克少之間，也要與茅利塔尼亞國家掌管漁業的海軍相關單位接洽，會暈船的他，還要上到拉椰提號協助賣魚，工作不輕鬆。

拉椰提號最近手氣很好，魚艙將滿，有人要買魚，小凱負責船上賣魚單位與茅塔海軍接洽的翻譯工作，小凱提前帶我們到船上，從踏入茅塔的國門努瓦迪布開始，負責安排交通、住宿、伙食、接駁、聯絡、翻譯，後面行程不必自行摸索，我就安心多了。

茅利塔尼亞（法語 Mauritanie 簡稱茅塔，中國翻譯為毛里塔尼亞）位處西非，西瀕大西洋，北與西撒哈拉和阿爾及利亞接壤，南與塞內加爾相鄰，全國四分之三面積是沙漠，最高海拔僅九百一十五米高沙丘，廣大北部與西南部地區處於撒哈拉沙漠西南角，沒有工業，有鐵礦，陸地可種植面積極少，熱帶沙漠性乾燥氣候，年平均溫度攝氏三十～三十五度，年平均降雨量一百毫米，白晝最高溫度可達攝氏五十度，夜晚可能降到零度，雨水少，農業缺乏，經濟作物稀少。[1]

茅利塔尼亞國事多舛，一八一五年歐洲列強粗暴的在維也納分贓會議，逕行瓜分對北非控制權。法國取得對西非海岸及今塞內加爾境內之主權，同時擁有茅利塔尼亞控制權，一九一二年茅塔正式成為法國殖民地。二十世紀六〇年代茅利塔尼亞經過數次與白人統治者激烈衝突，激起國人民族主義意識，爭取民主選舉權，歷時多次選舉掌握議會多數，取得國際同情與承認遂於一九六〇年十月宣布獨立，正式

• 位處西非的茅利塔尼亞

葡萄牙
西班牙
里斯本
Lisboa
直布羅陀
卡薩布蘭卡
الدار البيضاء
摩洛哥
聖克魯斯省
Santa Cruz
de Tenerife
阿加迪爾
أكادير
拉斯帕爾馬斯
Las Palmas de
Gran Canaria
西撒哈拉
茅利塔尼亞
聖路易
Saint-Louis
馬
塞內加爾
巴馬科
Bamako
甘比亞
幾內亞比索
布吉
Google
幾內亞

脫離法國統治，國家全名為「茅利塔尼亞伊斯蘭共和國」。訂定伊斯蘭教為國教，官方語言為阿拉伯語，試圖從根本去掉法國文化，建立自己歷史。

但法國統治一個半世紀期間，文化教育深入民間，知識份子深受法語教育，根深蒂固無法立即擺脫殖民文化，茅塔支離破碎的歷史一時難以整合，是故民間通用語言仍為法語。茅塔廣大沙漠面積有一百零三萬平方公里是台灣二十九倍，沙漠炎熱缺水，動植物生存困難，無法孕育子民，人口只有四百二十萬是台灣十分之二。

茅利塔尼亞獨立後定都努瓦克肖特（Nouakchott 簡稱肖特），又譯諾克少，獨立前本是個小漁村，現在是茅塔第一大城，為政治、文化、商業、金融、軍事中心。人口也只有六十六萬人，第二大港，一九八六年九月中國援非計畫裡，幫助建設吞吐量五十萬噸港口，但碼頭長七百五十米，吃水淺。長度六十米以上的大型貨船必須停泊在離岸邊約二浬的大海，貨物用小船接駁。

一九八八年茅塔宣布十二海浬領土海域及二百海浬專屬經濟海域，擴大海洋資源。茅塔海岸線長達七百公里，經濟海域廣闊，海洋漁業是最大經濟產業，魚類多達六百餘種，至少有二百種有食用經濟價值，但是國家財政薄弱，無力投資現代捕撈及冷凍設備。教育落後，人民知足常樂，缺少企業頭腦，不會善用阿拉給的天然資源，來改善生活條件，落後的捕魚技術，自己只會在海岸邊，駕著舢舨拉著簡單魚網捕捕小魚。

廣大經濟海域都租給國際漁船捕撈公司，捕撈漁獲所得抽取權利金。三十幾年前，中國尚未崛起的年代，日本與台灣都曾在此捕撈，現在是中國擁有大型捕撈公司最多的國家。拉椰提船隊就是超級捕撈艦隊，所到之處幾乎掃光周遭海域的魚。

萬國集團還有幾艘大型捕撈船，也在此海域單船或配對雙船作業，海域由於無限制的捕撈，漁獲有枯竭之虞，歐盟及國際綠色相關組織也對此發出警告。[2]

茅利塔尼亞政府為了改善國家經濟，利用海洋資源，承租給國際跨國公司設立冷凍保鮮倉庫，海產加工廠，賺取外匯，但人民懶散，勞工缺乏勞動力成效有限，目前海產及其加工品為出口最大宗，趕上原有出口的鐵礦產。

依照二〇一九年國際貨幣基金組織（簡稱ＩＭＦ）統計，茅利塔尼亞ＧＤＰ人均只有一千三百八十八美元，在世界一百八十六個國家排名一百五十名，是世界銀行認定的重債貧窮國家之一。台灣ＧＤＰ人均兩萬四千八百美元，排名三十六，新加坡六萬四千美元，為台灣二點五倍，是第八名，香港則是第十二名，韓國第二十七名，為亞洲四小龍之末，政府若不積極振興經濟，台灣恐成為蚯蚓。[3]

貧瘠的沙漠，養出貧窮的子民，雖有豐富海洋資源，但他們不懂得利用，不喜愛鮮美海味，千萬年來受到沙漠乾燥悶熱氣候影響，男人皮膚幽黑，乾乾瘦瘦一副營養不良的樣子，因此也造成審美觀念也有所不同；茅塔男人愛家愛老婆，他們把含有高脂肪的羊奶、駱駝奶留給女人吃，喜歡把女人養得肥肥胖胖的，女士們也樂得把自己變得肥肥肉肉，如此才能顯示出她們雍容高貴氣質。

祖埃拉特（Zouerat）位於茅利塔尼亞北部有豐富鐵礦，從十一世紀就有開採紀錄，直到一九五二年才正式由法國以企業化機械開採，至今還在擴展到其周邊城市開採，一九六〇年法國修築一條鐵路運送鐵礦至西部的第一大港努瓦迪布港出口。

北部的祖埃拉特距離西部的努瓦迪布鐵路線長達七百公里，火車行駛一趟要二十小時之久，每列火車二千五百公尺長，是世界上次於奧大利亞第二長的火車。七百公里鐵道穿越撒哈拉沙漠，途中只有幾個小城市，沒有特別設立車站與月台，初期使用燃煤蒸汽火車頭，現改為柴油火車頭，在補給燃料的地方有停留，這個區域沒有公路，鐵道是唯一交通運輸路線。[4]

列車除了前後兩節載客車廂外，鐵路公司默許人民免費搭便車，以及運送羊隻或可攜帶的物品上車，火車載鐵砂車廂是半截開櫃式車廂以方便裝卸鐵礦；茅塔人練就一身拋物功夫，將物品或羊隻拋進行駛中的火車，有些甚至在疾馳路段，搭便車的人也可以由小貨卡輕鬆躍上開櫃式車廂，比美國西部電影裡牛仔在搶劫火車還刺激。

茅塔男人利用運送物資到努瓦迪布販賣，或由努瓦迪布批貨回鄉下販賣，省掉運費，可以得到很高利潤；沙漠氣溫白天高達攝氏五十度，夜晚降到零度，但躺在無任何遮蔽物的開櫃式車廂上，火車在二十小時漫長旅程中，得忍受鐵板燙得可以煎蛋的極熱白天，以及必須穿上厚重大衣的極冷夜晚，甚至有黃沙刮得雙頰發麻的沙塵暴，茅塔男人跟天下男人一樣，為照顧家庭不辭艱辛，做牛做馬而無怨言，但他們尚需冒生命危險，謀生極為不易。

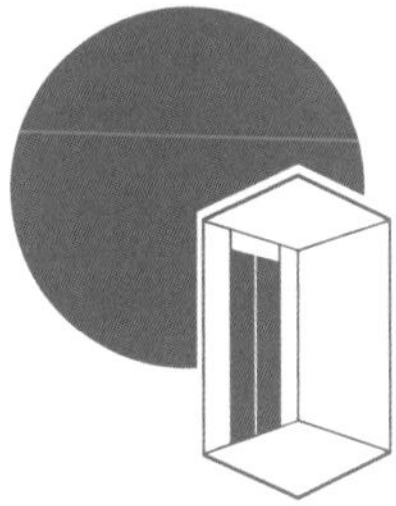

茅利塔尼亞國土面積有一百零三萬平方公里，卻有七十八萬平方公里沙漠，有七百公里海岸線，二百浬經濟海域，還有鐵礦煤礦，天然資源其實不虞匱乏，只是缺少運用技術。

我覺得沙漠氣候的炙熱陽光與強勁風力，是上帝賜予茅塔子民最好的天然資源。以現代科技發展太陽能及風力兩大綠能發電。如果充分利用，除了自用外，也可賣給天然資源比她缺少的鄰近國家。

沙漠地區降雨稀少，氣候特別乾燥，年降雨量平均約一百〇〇毫米以下，台灣年降雨量有二千五百〇〇毫米，是茅塔的二十五倍，所以茅塔日照時間特別長，炙熱陽光很適合發展太陽能源發電，公路的休息站或檢查哨都採用太陽能發電，城市白天可以利用太陽能板，吸收電力儲存起來，給夜間照明、沐浴使用。

沙漠氣候特徵之二是大風沙，刮起大風時，風沙漫天飛舞，每天都會刮大風，很適合發展風力發電，地廣人稀，也不必擔心巨無霸風葉旋轉時，發出的噪音會吵到住戶，多餘的電可以賣給鄰近國家賺取外匯。

茅利塔尼亞於一九六〇年脫離法國統治，可惜獨立六十幾年以來，政府掌權者不知如何振興經濟，創造外匯，不思改善人民生活。

四百多萬人口，卻多達三十個政黨，，政黨頭子幾乎都是貴族，活像民國初年的軍閥擁兵自重。人口不多，卻是個奴隸國家。比較不黑的，迫使皮膚更黑的人世代為奴隸：人民生活看似單純，思想卻不單純。

茅塔多黨政治的社會，表面民主，卻是跟全世界民主國家相同，政客表面口口聲聲為維護茅塔尊嚴，實則大都鞏固己身政權利益而戰，暗地排除異己，權力鬥爭，貪污腐敗。

二〇一七年在現任總統操作下，公投通過廢除參議院，想修憲走上獨裁之路。雖然在野黨極力反對，但八成五人民贊成，公投順利通

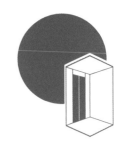

過。

國際組織的援助私下分贓中飽私囊，置人民生活於度外，國家經濟並沒有改善，甚至更貧窮，難怪被世界銀行認定的重債貧窮國家。

政府掌權者興學不力，民眾教育程度低下，不願利用現代化科技，去活用上帝賜予的寶貴天然資源，發展經濟，只知出租尊嚴，坐享其成，暴殄天物，愚弄百姓，甚為可惜。

---

1. 「毛里塔尼亞」來自百度百科的資料。
2. 努瓦克肖特：中國外貿協會，世界主要港口介紹……努瓦克肖特港。
3. 資料來源：各國人均國內生產總值列表（國際滙率）……維基百科。
4. 資料來源：祖埃拉特……背包客棧。

一波數折 步步驚魂

早上九點鐘，萬國集團茅利塔尼亞業務代辦公司老闆科努先生親自開車來載我們去搭船，我們住宿的地點，不能判斷離市中心有多遠？人口本來就稀少的城市，在上班時段，街上沒看到來往車輛，也沒有趕著上班人潮。

昨晚抵達時太陽已下山，努瓦克肖特雖是茅塔的首都，國家貧窮街道僅有幾盞昏黃路燈，夜晚一片漆黑，除了車前兩道燈光，其他什麼也看不到。

白天往碼頭的路上，路面很寬，但只有中央兩線道鋪有水泥，沒有水泥的部分都是黃沙，房舍稀疏離道路遠遠的，沒有樹，也沒有綠草，大風一吹，立即揚起漫天黃沙，這是沙漠地區特有景象。

茅利塔尼亞人口才四百多萬人，即使有六十六萬人口的首都肖特，大白天街道上看不到行人，久久才有一台車輛擦肩而過，偶而會看到一台用小毛驢拉的板車，悠哉的漫步在黃沙路上，小毛驢板車是努瓦克肖特城市內主要短程運輸工具，看起來蠻環保的。

商店不多，房舍比迪布多，路旁是眼熟的村莊，村莊造型是小時候在「阿里巴巴四十大盜」電影內看到的典型阿拉伯房舍，透過車窗我好奇的搜索，看是否有人乘坐毛毯從屋頂飛起，帶著小孩準備去上學。

小凱看出我不安的神情，一直說些他長駐茅利塔尼亞經歷過稀奇有趣的事，試圖舒緩我的情緒。談話之間，車子忽然急轉入黃土小徑，小徑兩旁橫七豎八幾叢枯黃長草，車子朝海灘駛去。

海灘旁有多處三五成群的人圍繞在小舢舨邊，十幾台木造小舢舨不規則的躺在沙灘上，破舊小舢舨漆著傳統圖騰，大小不一，舢舨表面都斑駁；有的已被推入海中，上面有坐人，應該是要去捕魚吧？這是我的猜測。

小凱指著遠處停泊一條大船說：我們要上那條船，王船長在上面等我們；我心裡想：不知小凱到底在搞什麼鬼？還不趕快到碼頭搭船與王船長會合，卻帶我們來沙灘看海，耍浪漫。

怎麼帶我們到海邊看船？內心滿腹狐疑，正想問個清楚，轉頭看來時路，苛努車子已掉頭循原路開走拋下我們，留下一屁股黑煙。「不會要在此搭舢舨去追船吧？」心中打了個問號，我不安情緒又湧上來了。

茅塔的國土有四分之三沙漠，撒哈拉沙漠型氣候，白天把鐵板放在太陽底下，可以把蛋煎熟，晚上冷得要穿大衣。現在初春的季節，早上的太陽雖已昇起，還是有點涼涼的。我拉一拉夾克，怯懦地探問小凱：

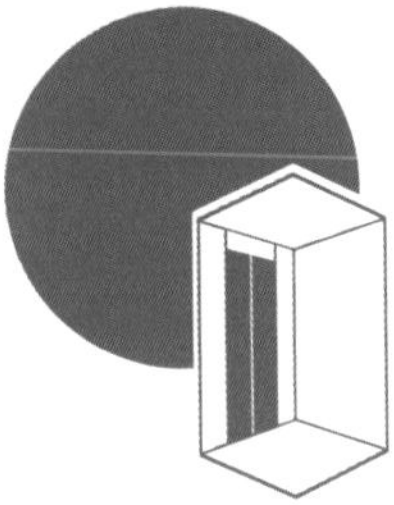

「我們要搭乘這個小舟上船嗎？」小凱給我非常肯定點頭。

只見一位穿著又皺又舊夾克的茅塔人，牽著小毛驢馱著板車，從剛剛進來的黃沙小徑悠閒的晃過來，看他輕鬆模樣，嘴裡似乎還唱著「我是一隻小毛驢，從來也不騎～～」，時間好像停頓，眾人直盯著他，彷彿經過有一世紀那麼長，小毛驢終於晃過身邊，踱到一台與眾不同的鋁殼舢舨旁，拖板車上載著寫有SUZUKI字樣的船用外掛式螺旋推進器。

牽著小毛驢的茅塔人，吃力地將螺旋推進器抱起，早已站在鋁殼舢舨旁的兩人，幫忙掛載在小舢舨尾部。先到的兩位茅塔人，一位走到小舢舨前端，一位在中間，三人吆喝著齊力將小舢舨奮力往海裡推，小舢舨前端剛接觸到海水。

「趕快跳上去！不然鞋子會弄濕。」小凱忽然急促的叫我趕快跳上去。

拉車的小毛驢。

小毛驢拉過來的引擎，正要裝在舢舨上。

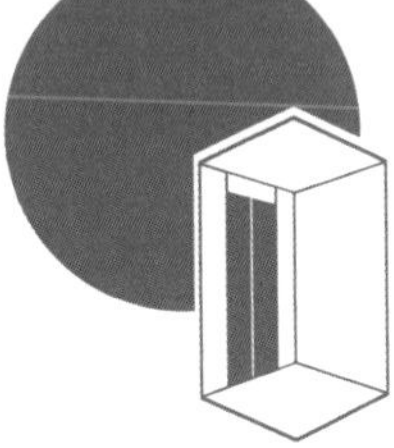

「嚇！」腦袋一下轉不過來。

不是在碼頭搭船？而是在沙灘上搭小舢舨？我正在狐疑之際，小凱兩手俐落的抓起大行李，一手一個丟進舢舨內，跟著跳上去，坐在最前端，轉頭朝我招手，緊張地大聲催促我學他趕快跳上去。

舢舨已經有三分之二被推入海裡，再不上去，鞋子褲子都會被打濕，海浪雖不大，但一波波上來，小舢舨前後激烈搖晃。萬一濕了鞋子、褲子，我可沒有衣褲可更換。沒有思考時間，又一個浪花過來，電光石火之間我趕緊跳上去，其他兩位同事也跟著跳上小舢舨。

此時小舢舨趁著海浪回流之際，再次被推滑入海中；但下一個浪花打來，小舢舨被強烈激流急速打回岸，三位茅塔船夫吃力的穩住舢舨，趁著海浪回流之際，借力使力，用力將舢舨推向海裡。

然而一波波海浪，像綿綿掌風一波波襲來，毫不停留，正值漲潮時候，小舢舨被海浪來回數次拉鋸，船夫趁著每次浪潮回流之際，慢慢往海中挺推，最後一次離沙灘有一段距離，確定不會再被海浪打回岸上，三位船夫才俐落跳上船，船尾舵手調整好螺旋推進器，拉動繩子啟動引擎，搭載七人的小舢舨緩慢駛向接駁船，越往海裡海面平靜，小舢舨反而平穩。

艷陽高照，風低浪淺，我終於暸解早餐時，小凱說「風平浪靜」的含義。

經過驚心動魄的搏命「登船」儀式，現在是平穩的朝向接駁船前進。淺藍的海水，清澈見底，魚蝦悠遊嬉戲，金黃鱗光閃閃，難怪大船因水淺無法靠岸。

小舢舨是薄薄鋁皮打造，比躺在沙灘上的木造舢舨大，約莫二十來米，寬勉強容納二人並排，船體單薄感覺不是很牢靠，出發沒多久，坐在小舢舨中央的茅塔船夫，拿出兩個塑膠杓子遞給我一支，指了指船底，示意我將滲入的海水往外舀。緊張時刻根本沒有發覺船底滲入不少海水；我已經不敢去想七個人是否有超載的問題，趕緊拚命舀水，

‧乘著舢舨駛向汪洋大海

‧五千噸級尼必賓（NEPBBIN）號接駁船

海水從船舷微小細洞，慢慢滲進來。

小舢舨快接近接駁船，海底突然加深，海面下有強勁洋流，將小舢舨往回拽，小小引擎的怒吼聲漸漸加大，推著小舢舨吃力的往接駁船靠近，舢舨兩側受歲月腐蝕，也有滲水的小洞，強勁洋流讓小舢舨滲水速度越來越快。兩只勺子毫不停歇，拚命的將滲入的海水往外舀，我只希望滲水速度不要太快，否則船沈客死異鄉餵魚蝦實在划不來。

海上沒有視覺障礙，接駁船看似在不遠處，小舢舨花了一小時才到達。我轉頭回望出發時的海灘，好幾條木造舢舨陸續上演搏命的下水儀式戲碼，應該也是要登上停泊在附近大船的乘客。

接駁船名「尼必賓號」，滿載排水量近五千噸，原先也是遠洋拖網漁船。肖特有長長海岸線，現有碼頭水淺，無法讓尼必賓大船停靠，所以必須停在離岸邊二浬外的深海上，深水碼頭正在建造之中，由中國援非計畫的中國公司承包，預計三年後才會落成啟用。[1]

尼必賓號聳立的駕駛艙內有導航雷達，探索魚群的聲納探測器；

也有拖網捕魚用的設備，儲藏漁獲的冷凍庫。船尾是施放漁網，及起網將網內漁獲拖入船內的斜坡，有拖網用的鉸鏈起網機，也有裝卸貨的起重吊桿，設備齊全，船齡四十多年的老舊漁船，現已除役當拉椰提船隊的補給運輸船，船長是山東人將於年底退休。

相對於小舢舨，五千噸的船像是座山。小舢舨來到接駁船尾，抬頭仰望高高拖網斜坡，平滑斜坡上，無止滑點，僅在斜坡右側鋪一小條破舊漁網權充止滑墊，即使是穿著大齒登山鞋也難上去，何況是淺紋膠底皮鞋，正思考上去方法，忽然一條粗麻繩由天垂降，小凱熟練的把大行李箱綁上，上面的人先把行李依序拉將上去。

另一條麻繩順著平滑斜坡滑下來，此刻海面忽然起風，舢舨左右搖晃不止，前面船夫只能將雙手按壓在尼必賓號船體上，後面舵手加大馬力讓舢舨前端頂緊巨船船尾，盡責的把搖晃程度降低到最小，還好風勢不足以撼動大船。

•要從那個斜坡攀上NEPBBIN號接駁船，王船長與田船長在上面歡迎。

•小凱示範攀登NEPBBIN號要領。

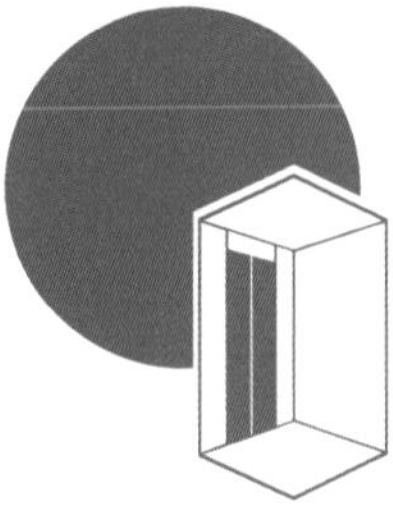

我小心翼翼地挪動屁股，移到小舢舨狹窄的船頭跳板，佝僂身軀，顫顫巍巍的慢慢蹲站起來，學著馬戲團走鋼絲者之起手式，雙臂緩緩張開，先將身體平衡，順手抄起在風中擺盪的麻繩，用力向下拽二下，確認上端是否綁緊。

小舢舨兀自搖晃不停，兩手再次用力向下一拉，順勢往上跳，身體俐落的落在尼必賓號船尾斜坡的魚網上，拉著繩索慢慢往上攀爬，還好我剛參加完「追風趕雲環島行」鐵馬環台回來，腿力還可以，三兩下就蹬上甲板。

「歡迎登船！」拉椰提號王船長與輪機長及尼必賓號田船長，立即前來握手致意，臉上帶有恭賀我們通過大海考驗之意味，隨即引領我們到船長室休息。

拉椰提號王船長是山東人，偕同張輪機長，利用休假在農曆春節返回山東過年，假期尚未結束，接到我要來討論新電梯的規格訊息，特地提前銷假回船上開會。

他們是從北京直飛努瓦克肖特（簡稱肖特，維基百科譯為諾克少）預計與我們同一天抵達肖特，同時上船；我們因為在大加那利島轉機、簽證及行李遺失等因素多耽擱兩天。他們就提前登上尼必賓號接駁船，上下船必須與大海搏鬥，昨晚才沒有在陸上等我們，何況大海是他們的家，提早上船又可省掉飯店費用，昨天真是錯怪他們了。

上船後，尼必賓號田船長立即下令起錨，航向在大西洋漁場作業的拉椰提號。我們安頓好行李，狹窄艙房尚可容納轉身空間，乾淨的棉被枕頭泛出微微大海的味道，稍微休息，卸下剛剛與大海搏鬥緊張神經。

尼必賓號田船長吩咐伙房準備好午餐，正式設宴歡迎王船長，以及我們三位賓客。我想在大海上，不能隨意上菜市場，食材取得不易，應該每人一碗大滷麵，再來幾碟滷菜，就很好了。

船長室內有一張可坐十人橢圓桌，進到餐廳讓我驚訝的是，橢圓桌上早就擺滿佳餚美味豐盛無敵，有紅燒鮮魚、軟Q豬蹄膀、滷牛肉……還有新鮮蔬菜，新鮮蔬菜是從冷凍庫取出，豐盛不遜於陸上餐廳，最難得的是田船長大方的，把他珍藏的正宗茅台國宴酒拿來招待我們。

大陸餐飲習慣與日本相同，先喝酒吃菜，最後才上主食，主食是山東大饅頭。看著兩位船長大口咬著熱騰騰大饅頭，我的肚子早就裝滿豐盛可口菜餚，沒有剩餘空間可容納饅頭。

都是討海人，拉椰提號王船長年約四十，具書卷氣息，氣質非凡儀表不俗，談吐文雅，酒量驚人，不虧為大船之長；田船長將滿六十，精明幹練，行船三十餘載，滿面風霜，歲月在他的臉上刻劃出多條皺紋，見多識廣，妙語如珠，談到再過半載，就要告老還鄉含飴弄孫，佈滿皺紋的臉上瞬間綻放燦爛笑容，話匣難合。

眾人雖初次見面，且分屬海峽兩岸，卻一見如故，時間彷彿也跟著停頓。觥籌交錯，船疾馳在大西洋中，不知是海面風平浪靜，絲毫沒有搖晃感覺；還是我踉蹌的腳步，平衡掉大海的搖晃？反正忘了如何踱回艙房。

感覺好像半世紀之久，在睡夢中被另兩位夥伴如雷的呼嚕交響聲吵醒，此高彼低的打鼾聲，湊成極難聽的協奏曲，轉頭斜望向鑲在船壁的小圓窗，明月高掛天空，只覺得船好像靜止不動。舉起左手就著微弱燈光，短針也貪睡在八與九之間，將近二更，這一覺竟睡了二個時辰。從床鋪坐起來，酒意已消，頭也不疼，不虧是貨真價實的國宴好酒，醉不上頭。

想上廁所，走出艙房門口，正在猶疑要向左轉？還是右轉，總務長在辦公室裡見狀立即出來解圍，他熱心的帶我去看廁所及淋浴間，並引領我上甲板。

難得有機會觀賞大西洋夜空，抬頭仰望，沒有厚厚雲層，沒有光害，幽黑夜空繁星格外明亮，藉著記憶觀測到銀河星系，雀躍的找尋到最明亮的天王星，北斗七星在總務長指點下，也被我努力循跡拚湊出來，感謝浩瀚銀河諸星在二萬六千光年前，出發來此與我相會，群星裡面有我的本命星默默保護我旅程平安順遂。

我只是離開家裡一週而已，思鄉情緒與長年在海上的討海人相比實在微不足道。太興奮了這是在台北不可能有的際遇。

海洋彼端吹來撒哈拉沙漠熱情氣流，經過海洋過濾，清涼舒爽。遠遠的海面有幾艘燈火通明的大船，點綴烏漆抹黑的大海：

「前面中間那艘就是拉椰提號，我們暫時錨泊在此，明早小船捕魚回來，順道接你們一行人上船。」總務長用手指著遠方。

「為什麼不直接送我們到船上？」

「這艘船有五千噸，雖有船身四周有防撞緩衝軟墊，但太靠近的話，若一個大浪打來兩船恐將相互撞壞。每次給拉椰提送補給品，都必須利用小船接駁。所以你們也同樣要小船接駁，等明早小船捕魚回來順道接你們上到母船。」總務長詳細的解說。

我的大行李箱沒有跟上，沒有盥洗衣物，旅行小包只有一件小褲褲及臨時在旅店買的亮黃T恤，捨不得更換，只到淋浴間將身體用濕毛巾擦拭一遍，將內褲再次翻面穿，回到艙房倒頭再睡。

半夜中，一陣急促敲門聲，驚醒睡夢中的三人，敲門的是帶我參觀的總務長，他叫我們拿好行李到甲板集合，便急匆匆離去；以為是發生大火，立即發揮軍中緊急集合精神，火速著裝完畢提著旅行小包衝上甲板，只見王船長兩人態度從容，已在甲板等候。

原來是一艘捕魚子船因拖網零件故障，提前返航，順便帶我們到母船。雖說子船，也就是他們口中的小船，卻也有二千噸，如果停泊於基隆八斗子或花蓮等地方漁港，也可稱為巨無霸。王船長是母船船長，是整個船隊的指揮官，我們與其同行，捕魚子船船長對於我們也極為禮遇。

---

1. 尚特深水港在二〇一三年。

超級瑪莉兄弟終於過關

無邊無際的大海，沒有相對測距標的物，看似咫尺，實則萬里。二千噸小船在漆黑海洋，航行一個半鐘頭才來到母船旁邊。

見到睽違已久的拉椰提號，猶如母親見到為了生活在外闖蕩的遊子，喜悅中帶有不捨的傷感，眼匡似乎泛紅。抬頭仰望高聳入雲的船舷，雖過午夜，甲板上燈火通明，船舷邊人頭攢動，不知是歡迎他們的大家長歸來，還是這群長居海上，每日與大海為伍的寂寥討海人，好奇的想要知道來自台灣的人是否長得三頭六臂，異於強國人。

剛剛是由排水量五千噸的尼必賓號用繩梯垂降到二千噸的捕魚小船上，繩梯在漆黑的海面晃盪，兩手抓著繩梯，一階一階慢慢走下來，雙腿兀自發抖，沒有安全索扣，沒有救生衣，險象環生，雖然尼必賓號船舷高出捕魚子船不多，隨行的工程師老張有懼高症，在柔軟無助的繩梯上，短短不到十公尺距離，讓他花了將近二十幾分鐘才通過。

眼前七萬噸的母船船舷有七、八層樓高，猶如巨獸，如果現在要由補魚小船用繩梯攀爬上七萬噸的母船上，有如登天。想像黯黑天際的繩梯，隨風擺盪，比傑克用魔豆長出的那棵直達天廳的豌豆莖還恐怖，我也擔心是否有體力，在晃蕩的繩梯爬上八層樓高的拉椰提號上？

如果攀爬途中失手掉下，掉到大西洋中，沒有救生衣的浮力，是瞬間沈入海底，直接進入大白鯊大嘴中，或是載浮載沉，在進入大白鯊口腹前，捕魚船上的捕撈設備，是否可以快速幫我撈起？萬一沒有掉到大西洋，而是掉到捕魚子船上，肯定會摔斷腿或腳或肋骨，後果不堪設想……因為恐懼，腦中迅速閃過無數不祥念頭。

難道巨船上的那群人，是來看看台灣來的是軟腳蝦？還是勇腳馬？原本在休息的子船船員也出來看熱鬧，數百隻眼睛盯著我們表演，

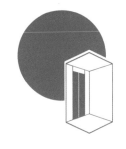

• 這就是昨晚上升到拉椰提號的觀音蓮花座

出醜後還可拿來當茶餘飯後訕笑的話題。

有懼高症的老張，剛剛兩腳發軟已嚇得哇哇叫，現在正瑟縮在角落滿臉蒼白，口中碎碎念，後悔與我同行。

突然！

三道耀眼祥光穿過黯黑天際撒下，把海上照得如同白晝。我好像看到高空中，觀世音菩薩頭頂光環，撒下佛光，腳踏蓮花座，御空而降。蓮花座降臨在王船長面前，王船長禮貌性跟我謙讓一下，隨即瀟灑大步踏上蓮花座，升上浩瀚無垠的宇宙。

未幾，聽到甲板上傳來震耳歡呼聲，這氛圍

看得我目瞪口呆，顯見具有領袖特質的王船長，對於這群背井離鄉為生活大拚的夥伴照顧有加倍受船員愛戴。

遲疑中，觀音蓮花座復降臨我面前，在水手的指導下，我優雅的踏上蓮花座，蓮花座再次迅速騰空而起，瞬間我也站上了巨船甲板，接受眾人歡迎（不是歡呼），真是太酷了！

不到一刻鐘，六個人都站上巨船甲板，原來看似最困難的事，反而最好解決，此為知難行易之真理？

上船後，因已過午夜，王船長與張輪機長發表簡短新春祝賀講話，並感謝大家駐守崗位後，各自回到他們的寢室休息，小凱也不見蹤影。

小秦與柏威偕同五、六位專責機電維修年輕工程師，簇擁著我們三位到準備好的艙房，庫房立即送來三大箱康師傅泡麵，三大箱可口可樂，還有三大箱麵包、餅乾等給我們當夜宵，這些福利品是新報到船員三個月的配給量，負責補給的長官，大概以為我們也要在船上住三個月。

小秦與柏威在青島有接受電梯維修訓練的五人小組成員之二，其他三人正在當班，他們兩位迫不及待的在房間內彙報電梯運行狀況、漁獲狀況，漁獲量及提成獎金讓他們說得眉開目笑；也訴說一年來在船上的歡樂、苦悶、辛酸生活。

柏威從皮夾子掏出他女兒可愛的照片告訴我，女兒叫小可，現在應該開始上幼兒園，他想讓女兒長大後到美國學習，漂泊在萬里之外的父親，對愛女未來的期許，思念愛女的慈祥笑容瞬間蕩漾開來，融化所有人的心；其他人也紛紛加入談話圈，終日與大海為伍的男兒，開闊的胸懷，豪邁個性無生疏之感。

船上沒有網路、微信，電話不通，每天面對浩瀚海洋，日出日落，汪洋大海中連潮汐也沒感覺，無法得知外面世界訊息，只靠每月一封家書，得知家裡狀況，好像年輕時在金門當兵，家書是最大慰藉。

他們迫切的想知道家鄉山東訊息，問了許多有關山東的事情，可是我在台灣沒有山東資訊，甚至未曾注意山東訊息，所有問題我都沒法給他們任何答案，內心實在愧疚；其實他們也不是真正要我給他們答案，眾人只想訴說心裡想說的話。

有位操著濃濃山東鄉音，從貧瘠農村來的年輕人，要仔細聽才知道他說甚麼，甚至還要旁人幫忙翻譯，直拉著我的手，詳細告訴我家中老小親人現況，鄉下的莊稼歉收情況，還要邀請我去農村住幾天。

這群山東年輕人，約莫二十來歲，大都來自鄉村，缺少大都市歷練，他們最好奇的是台灣人如何過年？台灣人普通話為什麼說那麼好？生活型態習慣的種種問題，天南地北的聊。至於台灣的政治或百姓生活，兩岸何時會統一，對於這群異鄉遊子，一點興趣也沒有。

他們在午夜犧牲睡眠時間，真心誠意歡迎我們到來，似乎把我們當作萬里之外來此懇親的親人，剛剛在子船上的狹隘思想，實在是錯怪他們。

看著他們的興奮表情，聽著他們訴說思鄉情懷，我專心傾聽，給他們肯定。對於無法提供他們有關家鄉的蛛絲訊息，那張渴望表情，讓我內心感到非常內疚。

我敬佩這群為了家庭生活，為了一家溫飽，離鄉背井於千萬里之外，在一望無垠大海中，在腥臭悶熱作業環境，在單調寂寞船艙裡，埋頭苦幹；沒有任何娛樂，閒暇時，默默的想念家中妻兒的年輕伙子，我不忍打斷他們的興致，強忍著瞌睡蟲的侵襲，像一位長者，專心聽他們盡情敘述，盡量回答他們想知道的答案，滿足他們的好奇，去去思鄉之愁。

翌日，在大船輕晃中甦醒，可能認為我們太勞累了，不忍叫醒我們。

即使再巨大的船，在大海中仍是滄海一粟，風平浪靜的時光，躺在床上，好像強褓嬰兒被母親抱在懷中輕搖般舒適。

憶起昨晚經過一番折騰，與年輕人的思鄉心聲，入睡時應是清晨四點後，躺在單人床上，想著如夢幻般的行程，如同超級瑪利歐兄弟闖關，終於到達因禁碧姬公主的巢穴。從台北出發後，不捨晝夜的趕路，第七天終於到達目的地。

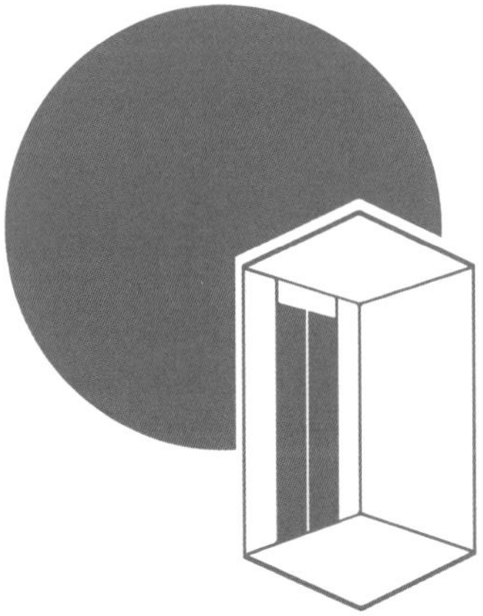

茅塔歷險記

IV 呼山不應來就它

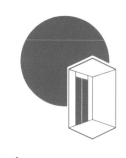

創新船隊——浮動海洋加工廠暨交易市集

此次出差行程，對我的人生是難以磨滅的經驗，是空前也可能絕後。

人生旅程每分每秒都是未來，明天或意外誰先來都無法確定，只能往前走。

一般遠洋漁船在大海中捕魚，捕到魚後稍加分類就放入冷凍艙中冰存，為了保鮮每層魚會覆上碎冰塊，冷凍艙滿了後就返航或找最近漁港卸貨，船同時作食物、飲水補給，機械保養，船員順便上岸小休假。往返漁場途中，及到港卸貨期間快則月餘，慢則以季算，這期間都無法作業，還要付人事、港口停泊、油料……等費用，全年度捕魚日數相對減少，成本提高。

卸貨停泊期間，除了輪值留守船員外，其他船員及幹部都上岸休假去了。有些耐不住枯燥無味的海洋生活，思念家中老小，偷偷打包溜回家；或流連於港邊酒吧，禁不住美女誘惑而跳船，鑽進溫柔鄉享受甜蜜生活；甚至於船長也會落跑，補給完畢，再次出海時，偶也許會出現缺船長、缺船員的窘境。

拉椰提號標準排水量七萬噸，長三百餘米，相當於一九六一年服役的美國小鷹號航空母艦長度。原為一九七〇年日本製造，屬於中型油輪，下水後，長期執行原油運輸任務。

二〇〇〇年除役後，萬國集團將其買下，委請台灣的「財團法人船舶暨海洋產業研發中心」負責規劃設計與監造，並在高雄港改裝為海上漁業加工廠。

二〇〇九重新下水改名「拉椰提」號，在俄羅斯註冊，負責開船及輪機主要幹部全為俄羅斯籍船員，其他捕魚、漁獲加工、機電維護、修護的幹部與船員九成以上是中國籍，包括捕魚子船及補給船的成員，另還要依據茅利塔尼亞國家法令，收留一定比例的茅塔勞工。

拉椰提號船隊我稱它為「浮動海洋加工廠暨交易市集」，以拉椰提號為母船，連同船長等編制有三百多人，它帶領五艘二千噸級拖網捕魚子船，一艘五千噸補給船，遨遊四海進行捕魚作業。拖網漁船可單網作業，也可雙拖網作業，或多網作業，由領頭的船長指揮，視海上魚場風浪、魚群分布等情況臨時分配調度。

每艘捕魚子船上有二、三十人，晝伏夜出，白天停泊於母船周邊休息，傍晚開往幾十浬外漁場捕魚，凌晨返航，將捕獲的魚蝦等全交給母船，母船用大口徑強力吸管，將漁獲迅速吸往母船內漁艙加工廠，所以捕魚子船上沒有冷凍設備，空間都改成漁艙，這樣可以裝載更多漁獲。

母船的加工艙將當天捕獲的魚貨，迅速將每條魚清洗後，依魚種、大小分類，放入一米平方的四方型急速冷凍槽，每個冷凍槽滿後，立即進行攝氏零下三十五度的急速冷凍作業。急速冷凍可瞬間將鮮度鎖住，讓剛補獲的魚鮮在凍結狀態下，鮮度保持期限可長達一年。

急速冷凍完成，冷凍槽自動移往包裝站，包裝站的工人，打開冷凍槽箱，此時的魚已凝結成四方形冰凍塊，工人將整塊冰凍的魚，用防水塑膠布包好，避免解凍時冰水流出，再放入厚厚瓦楞紙箱，紙箱用輸送帶運往底層冷凍艙，堆疊在木棧板上。

有的魚種，只取魚肉，將捕獲的魚清洗後，依魚種分流至另個專取魚肉的自動化作業線，工人將魚一條一條依序放入切除機器，自動將魚頭與魚身分離，順便取出內臟，刮除鱗片，工人取下魚肉，用塑膠袋將魚肉裝好，放在紙盒內排列整齊，每四個紙盒共用一個冷凍槽，四個冷凍槽放入冷凍櫃，做急速冷凍處理。工作程序與整條魚處裡方式剛好相反。

急速冷凍完成，將凍結的新鮮魚貨，送至底層冷凍艙儲存，冷凍艙溫度在攝氏零下二十五度以下。

船長將每日漁獲量回報給總公司，總公司將訊息刊登在相關國際漁訊平台銷售，買家根據需求漁種、加工、包裝、數量，上網訂貨，成交後自行開船到海上交易載回市場銷售。

拉椰提船隊每年才靠港一次保養，這樣可以節省漁場到港口往返時間，有更多時間補魚，及節省靠港停泊等相關費用。船隊所需之主、副食，飲水、油料等由尼必賓號負責補給。

不靠港也可以防止進港停泊期間，船員因不堪海上孤寂生活偷偷落跑。

在大海中，有時也收購其他作業船隻上的魚獲，雙方互惠。此種在海上「捕魚、加工、買賣交易」三合一模式為世界開創漁撈新工法。

船隊泊無定所，逐魚群而碇，根據季節及區域海洋魚群之不同，航行區域遍及太平洋、大西洋、印度洋等三大洋，但是因無保暖設備的關係，無法到寒冷的南冰洋、北冰洋海域作業，北半球冬季往南半球跑，南半球冬季往北半球捕魚，溫帶與熱帶的海洋作業。

進駐漁場捕撈時，要向經濟海域所隸屬國申請許可，未經許可不准擅自捕魚或越區，海上交易時仍必須通知經濟海域所屬國家，派稅務人員上船監督、課稅，私下交易屬走私行為，會被扣留船隻、罰鍰，甚至船長船員被拘留等國際糾紛。

小凱此次隨我們登船，就是要協助賣魚，茅利塔尼亞擔任監督賣魚課稅的是該國海軍，茅塔昔日是法國殖民地，官方語言雖是阿拉伯語，民間通用語言是法語，會法文的小凱正是常駐此地擔任翻譯的主因。

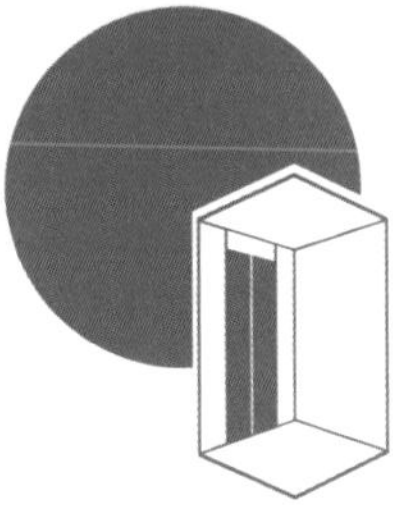

能讓食材保鮮的急速冷凍法

台灣與日本四面環海，都是被海洋包圍的島國，消費習性嗜好海洋生物。魚蝦貝類料理偏好鮮美甘醇的清蒸料理，尤其日本人對生魚片更講究新鮮衛生。

台灣料理口味清淡，吃魚喜愛清蒸，味鮮肉質細膩，尤其喜好海鮮清蒸，且最好是現撈的，魚不新鮮，無法清蒸。用紅燒、油炸、糖醋都會掩蓋魚的真正鮮味。

清蒸料理必用新鮮海魚，加上青蔥、薑絲、蒜片提味去腥，滴幾滴米酒淋上醬油，若是再加上破布子，更甘甜鮮美。放在鑊中以中火蒸煮十分鐘，或是放入傳統大同電鍋，利用水蒸氣將鮮魚蒸熟，起鍋前撒些紅椒，再加些薑絲，這樣一道色香味俱全的蒸魚就完成，這是最受台灣人喜愛的一道海鮮料理。

但遠洋漁船出海一趟少則三個月慢要一年，要滿足饕客鮮美甘醇的口慾，剛撈捕上來的魚貨，必須立即做急速冷凍處理，才能讓每條魚從撈捕上來後經過幾個月，到達餐桌上都仍像現撈的一樣鮮美。

遠洋漁船在海中作業，魚貨被撈捕後，存於鰓、體表、粘液、體內等處的細菌即開始繁殖侵襲魚肉，每次捕撈的魚貨全存放於魚艙中，若不及時低溫處理，於常溫下細菌會滋生，且快速繁殖，普通常溫下環境，只要八小時就開始變味，鮮度流失，風味不在，常溫越高越快速變味。

傳統的冷凍保鮮方法，是把食材放在冷凍櫃，慢慢降溫達冷凍效果。當溫度降到攝氏零下五度時，食材內部的冰結晶層會生成、增大，最終將破壞食材內部的細胞組織。在解凍時會出水，食材口味、口感、鮮度下降，營養成分也會流失，品質下降賣相變差。

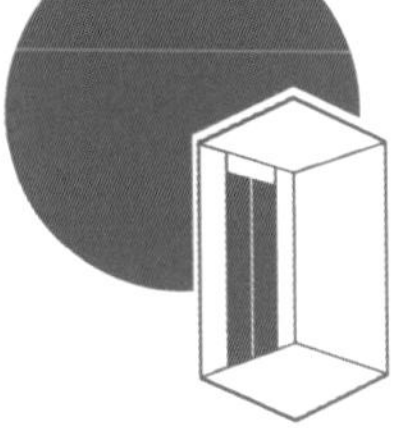

急速冷凍有兩種方式，大型冷凍櫃利用空氣對流，溫度急速通過食材冰結晶層，將溫度降到攝氏零下三十五度，冷空氣會將食材完整包覆，不破壞細胞組織，將食材表面迅速凍結，內部水分固化，抑制細菌繁殖，也可殺死微生物；食材鮮味迅速鎖住，維持原來風味、色澤及營養；急速冷凍也可以用在肉類、蔬菜、水果類之生鮮蔬果食品。

另一種液體急速冷凍方法，真空包裝的食材放入裝滿冷媒液之溝槽裡，冷媒液有滷水（即高濃度鹽水）與乙醇（即酒精），在低溫下會將食材迅速達到凍結狀態。但食材必須先用真空包裝處理過，凍結時間雖快，適合近海捕撈未經過冷凍過的鮮魚，或加工廠將鰓、骨、內臟去除，只取魚肉做真空包裝，較不適合漁船的大量捕撈作業，及未真空處理過的食材，避免食材接觸冷媒液。

急速冷凍處理後的魚貨，為了長時間保鮮，必須存放在攝氏零下三十度的冷凍庫保存，到了賣場也必須放在零下十八度的冷凍陳列櫃持續保鮮，時間不可過長；食材解凍後再冷凍，口感風味盡失。

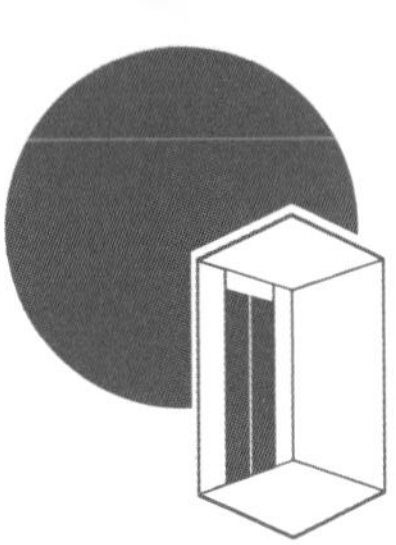

天天洗三溫暖電梯的誕生

買魚的船隻來到拉椰提號旁，冰存在底艙冷凍庫的魚貨，整齊堆疊在棧板上，每個棧板重一千五百公斤。以堆高機移入電梯，每次裝載一～四個棧板，電梯從攝氏零下三十度冷凍艙，將魚貨往上送到攝氏零上三十～三十五度的甲板層。

甲板上溫度視季節及所處海域而定，若在茅利塔尼亞夏天攝氏二十五～四十度，冷凍艙溫度攝氏零下二十五～三十度，雄崎電梯公司製造的貨梯每次上下一趟，溫差在攝氏五十～七十度以上，也就是說每五～十分鐘，電梯就得在上下左右搖晃的惡劣工作環境中接受冰火淬煉一次，比洗三溫暖還刺激。

電梯採當時公司新研發的無機房電梯型式設計，捲揚機及控制系統不在升降路頂端，放在甲板側面。天晴時，打開電梯升降路頂蓋，直接用吊車將捆紮在棧板上一千五百公斤的貨物吊起，直接放到買家船隻上；下雨天，怕電梯機件淋雨故障，不能掀開頂部，則將貨物，由電梯車廂內自動輸送到甲板，再將放滿鮮魚的棧板吊起放到買船上。

海上氣象變幻莫測，浪濤顛簸，船身劇烈搖晃，必須在最短時間裝載完畢，讓買船離開，以免惡劣海象時，兩船互相碰撞損及船身，負責上下運輸的電梯任務艱鉅，不僅需在搖晃環境中作業，且每五分鐘必須上下一次，不可怠惰。

巨大溫差，對於電梯本身機械零件、金屬材料、機電零組件承受超低溫程度，都受到嚴格限制，尤其金屬材料受到熱脹冷縮條件限制，得慎重選擇；所有電子與機械零件除了要耐住溫度變化，還得長期接受帶有高濃度的鹹濕海風摧殘，這都加大電梯選擇材料，以及材料表面防鏽處理的困難度。

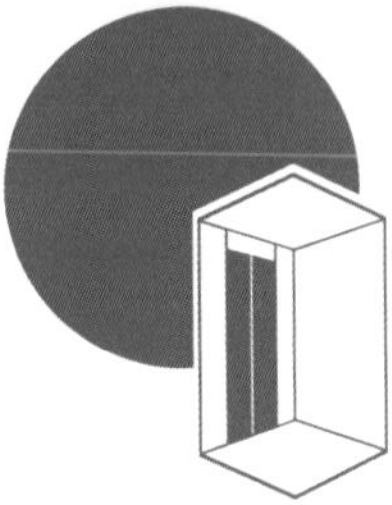

遇上巨大浪濤，電梯仍不得閒，船體除左右劇烈搖晃，也會前後擺動。海上風浪搖晃屬常態，工廠作業正常進行，電梯也要持續運作，不可因劇烈搖晃而停工，更重要的是電梯不可被滔天巨浪甩到大海中，除非風浪讓船體傾斜程度超過二十五度才會停止作業。

發生在一九九九年九月二十一日半夜，震央在南投集集的九二一大地震。最高震度七級，搖晃一分四十二秒，就讓中彰投地區電梯嚴重受損超過千部，甚至遠在台北的五級震度，也有電梯損壞。

而在大海中作業的船隻，時刻都在晃動，其晃度都超過九二一的七級大地震；如何讓裝在大海中船隻的電梯，不被巨浪打敗，對於技術層面而言是一大考驗。

「如何讓電梯不被甩出？」，這個嚴肅課題，萬國集團黃總裁與宋總經理找遍台灣電梯大廠都不得解，半年過去大廠仍無人勇於嘗試，甚至直接回絕。

經國內三大電梯公司推薦，黃總裁與宋總風塵僕僕由高雄驅車北上，帶著懷疑心情來到雄崎電梯公司，解釋電梯規格與要求的性能後，並說明交期急迫性。如果台灣沒有電梯公司有能力做，就必須向德國購買，德國電梯工廠的交期超過一年，價格根本是天價，這都不是他們能夠接受的。

勇於嘗試新創意的我，為了台灣顏面，為了打響雄崎電梯招牌，燃起我的戰鬥意志。

但我也沒經驗，尤其是大風大浪的日子，電梯如何不被甩到大海中，還要肩負運輸任務，照常作業；好像〇〇七情報員龐德在一列急馳火車頂，與歹徒打鬥，要戰勝歹徒，又要避免轉彎時被甩到車下，還要完成任務，這個大難題，確實讓我翻遍相關資料都無法得到答案。

黃總裁與宋總又邀我共同赴「財團法人船舶暨海洋產業研發中心」，那是位於淡水紅樹林的船舶研究機構，民國六十三年，由時任經濟部長孫運璿先生召集，邀請國防部、交通部等政府單位，結合中國造船廠、中國石油公司、機械公會……等船舶相關之產業界推動，共同成立的半官方機構。

「財團法人船舶暨海洋產業研發中心」成立目的是為配合國家經貿全球化產業政策的需求，承擔「全球化產業價值鏈分工」海運需求的造船任務，以成就國家海洋興國的使命，重建臺灣造船產業，並以「臺灣出發，鏈結全球」概念，帶給國內船舶產業創新思維、致力於專業的情懷與對產業的關懷。船舶研究中心專業做船舶，說明電梯安裝位置，及進出貨流程，對於如何不被甩出軌道，他們也沒有概念。最後給了我三大張必須折好幾折的超大圖紙帶回家。

經過二個多月積極長考，期間甚至遠渡日本，從大阪到東京走訪幾位有船上電梯製造或保養經驗的日本電梯界前輩，幾位電梯界先進，一聽到載重五噸，高揚程的電梯規格，他們都搖頭，因他們只有搭載五百公斤的小型載客電梯製造經驗，都沒有承製大型船用載貨電梯經驗，無法提供解決方案，我的問題仍不得解。

1. 財團法人船舶暨海洋產業研發中心願景與未來。

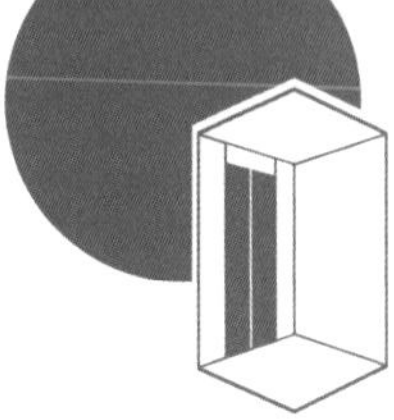

頓悟

喜愛登山的我，有天假日偕同幾位好友，到深山尋幽訪勝，經過一番拚搏，氣喘吁吁終於登上山頂，我一時興起引喉高吼，抒發胸中鬱悶之氣，聽那空谷回音：忽然想起「**呼山不應，我來就它**」之諺語，加上法鼓山聖嚴法師開示的：「**山不轉路轉，路不轉人轉，人不轉心轉。**」，瞬時讓我頓悟。

猴子在樹梢任意跳躍，攀在樹枝齟嚼樹葉，累了趴在樹枝上睡覺，靠的是放鬆身子與樹枝合而為一，達到猴樹一體，任強風吹拂，身隨風搖曳，而不被甩落樹下。

同理裝在大船中的電梯，大船受海浪搖晃時，電梯跟著大船晃動，靜止跟著靜止，與大船合而為一，不應與其相對抗，這樣電梯就不會被甩出軌道，被拋到汪洋大海，而且還能正常作業。

以此道理，我找到大浪來時不讓電梯甩出去的對策，興奮心情不亞於阿基米德發現「浮體理論」，高興的差點從山頂岩石跳下來。

我站在山頂，俯瞰滿山翠綠，遠望層巒疊翠，信心滿滿的拿起手機接通香港的國際電話，當我興高采烈電告萬國漁業集團黃總裁，我有信心承接時，我可以感受到電話那頭傳來興奮的訊息。

第一批四台電梯於二〇〇九年底在台灣高雄港船塢安裝及試車完成，二〇一〇年初拉椰提號在山東青島船塢做最後整裝，及人員撥補、物資補給後正式下水。拉椰提船隊在七萬噸母船帶著五艘二千噸捕漁船，一艘五千噸補給船，浩浩蕩蕩地由中國山東出發開始執行捕魚任務。船隊一路追逐魚群，邊捕魚邊賣魚，千里迢迢，來到北大西洋的茅利塔尼亞經濟海域，獲利頗豐，老闆樂開懷。第一批次安裝的四台電梯不到一年就不敷使用。

萬國集團黃總裁決定增購三台，並且依實際需求改良而且要增加性能，提高作業效率。但實際性能及規範必須要我到船上觀察現場作業，客製化量身定做，並與船長、漁撈長、輪機長等使用單位相關人員開會探討才能定案，遂有此次西非茅塔之行。

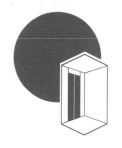

大西洋上的體驗

在大船上的第一天清晨，用完早餐，張輪機長先帶我們上到駕駛艙，拜會俄羅斯籍船長，經過翻譯說明，才知道俄羅斯籍船長帶領十位俄羅斯團隊，只負責駕駛艙內開船，雷達魚群搜尋、追蹤，氣象訊息提供等相關作業。

有關船隊捕魚、機電維修、行政管理全由中國籍的王船長及其團隊負責。隨後參觀內部設施，包含動力機室、電機控制室、加工廠及極速冷凍庫……等設施，並詳細解說漁獲處理加工廠作業流程。

加工廠凌晨四點就開始作業，上午九點就結束，船員都回去補眠，加工廠現在空無一人。

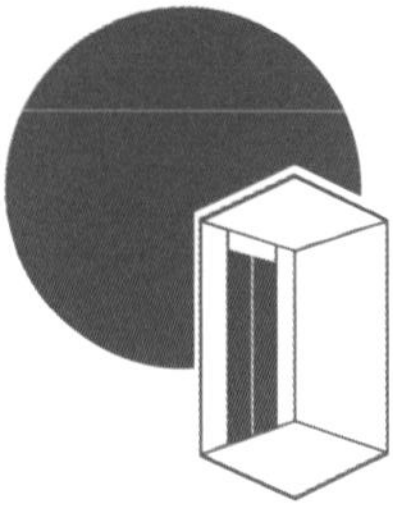

　　最後再去檢視電梯，這是此行的目的之一。

　　電梯運作一切正常，車廂沒有被甩出軌道的痕跡，固定軌道的托架沒有鬆動；特殊嚴選材料的鋼索、電纜沒有屈服於高低溫差凌虐，海水的鹽分也沒有絲毫侵蝕痕跡。

　　電梯採當年最新研發的升降路側邊無機房設計，即所謂「無機房電梯」設計。主控制盤與捲揚主機設在上層甲板的小屋內，不會淋到雨水，機械房內除風扇強制降溫，另設計自然通風循環系統，利用源源不絕的清涼海風幫機械室內降溫，避免捲揚馬達受機械房內的高溫烘烤而當機。

　　控制系統電路板有特殊防塵、防水、防鏽、絕緣處理，能耐高溫也能耐超低溫的電子零件，都運作正常。捲揚機與馬達及軸承沒有受海風侵噬而生鏽，以致產生雜音，運轉正常。

但車廂壁板有明顯被重物用力撞擊痕跡，壁板與壁板接合處有很大裂縫，雖不影響作業安全，及電梯運轉功能，但能造成此大裂縫倒是讓我驚訝。

這四台電梯車廂結構不同於一般貨梯車廂，我設計時特別用粗大構造用槽鋼當作骨架，高張力螺絲密集固定，骨架與螺絲等鐵件用特殊防鏽處理，避免海風侵蝕腐蝕，可以承受至少十噸以上撞擊力道。

可以承受十噸撞擊力的車廂壁仍被撞壞，可見其力道不小，一般載貨專用電梯車廂壁是不堪撞擊，常有貨梯壁板被撞壞，都是堆高機裝載貨物，駕駛者疏忽造成，但堆高機正常運作下之撞擊，不應會有如此大之撞擊力道，除非堆高機操作員與電梯有仇，故意高速前進用牙叉去衝撞，但是用堆高機衝撞，不可能撞擊側面壁板。

經我仔細檢查，撞擊傷痕是大面積凹痕，及壁板與壁板有大裂痕；這不同於牙叉衝擊造成的平扁凹痕，應該是如鐘擺的大鐵塊，用力衝撞造成，但是到底是什麼因素，會產生如此大的撞擊力？輪機長因事

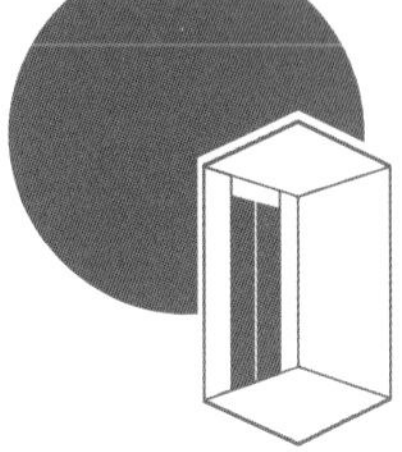

先行離去，陪同的人員無法給我答案。

穿上船上設想周到幫我們準備的超厚重棉襖衣褲、五指鋪棉手套、純羊毛帽，將頭手都包得緊緊的，只剩下兩隻眼睛，及超低溫保暖止滑雨鞋，裝備齊全，全副武裝，才搭電梯到底層冷凍艙，體驗攝氏零下三十度的滋味。

雖然有心理準備，又有完整保暖保護，但踏出底層冷凍艙電梯乘場門那瞬間，四面襲來的冰冷空氣，像要把我們急速冷凍般，讓我不自覺的將厚厚棉襖拉得更緊，把帽沿壓得更低，冷空氣像冰攥穿過棉襖，直向身體內鑽，我不禁連續顫抖幾下。

一向怕冷的頭部，雖有羊毛帽保護，也漸感覺暈眩，生長在亞熱帶的我們，確實無法承受攝氏零下三十度空氣的襲擊，有點想打退堂鼓，但心想經過千辛萬苦飛行千萬哩，橫渡荒漠，搏命渡過大海才來到此地，怎可輕言放棄，再怎麼痛苦也得完成任務。

位處底層冷凍艙的電梯三U乘場門（三片向上開的門簡稱三U），是我最擔心的，因它完全裝置在攝氏零下三十度冷凍艙中。

電梯三U乘場門經仔細檢查，三片門板表面沒有刮痕及撞擊痕跡；門板上下動作靈活，沒有卡卡現象，表示沒有被撞壞，門板滑軌及傳動鏈條都塗上厚厚超低溫黃油，沒有鏽跡；開關門馬達在超低溫下正常運轉，表示馬達裡面的低溫潤滑油沒有受超低溫度影響而凝固。如果潤滑油固化，馬達會被鎖死，無法動彈，送電後，馬達很快因受到阻力產生高溫燒壞線圈。

控制門馬達用電路板系統也有經特殊防水、防鏽、絕緣處理，沒有被凍壞跡象，絕緣體沒有被濕氣侵蝕，總之會轉動的零部件都非常負責任的運轉，這表示當初的設計與選用材料，以及加工製造方式都正確，同時也證明船上電梯維修工程師有盡責保養。

電梯是雄崎公司的主產品，每一台出了工廠，就像出嫁的女兒，

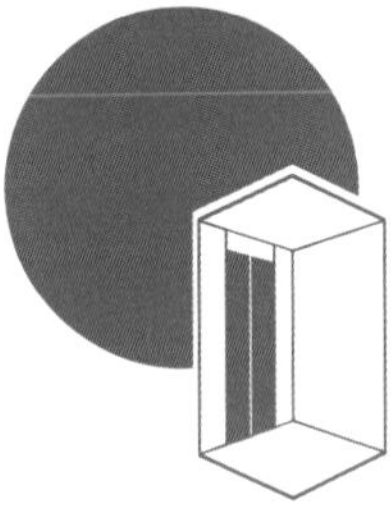

父母都希望女兒在婆家，受到公婆讚賞，女兒表現好壞，關乎娘家的面子。所以每部電梯出廠也必須確保品質，都能正常運轉沒有故障，這是對顧客的責任，也關乎公司信譽。

一般電梯是裝在陸地上的大樓內，除了跟著地球轉動，永遠不會移動；這四台裝在船上的電梯，跟著大船隨時移動，遨遊於汪洋大海；就像女兒為了生活跟著夫婿四處漂泊，現在這四個出嫁異鄉女兒，沒有跟公婆鬧彆扭，生活過得美滿幸福，為人父母也安心。

冷凍底艙挑高空間，明亮寬敞，棧板整齊排列著，包裝分類好的紙箱，經過急速冷凍後，用輸送帶送來的漁，一箱一箱在棧板上堆疊得高高的，裡面是滿滿新鮮漁獲，整個倉庫只剩不到五分之一的空間，看起來捕魚成績不錯。

我們來到底層倉庫的任務，是了解貨物的體積、重量，考察裝載流程，還要量測新裝電梯的升降井道位置。

隨行的工程師不到五分鐘，攝氏零下三十度的寒氣就透過棉襖直刺肌膚，把他凍得哇哇叫，我也覺得有點頭暈，大家立即上到甲板曬太陽取暖，以免身體失溫，如此上下幾趟才完成量測任務。

我非常佩服長期在裡面的作業船員，抗寒指數爆表，一個鐘頭才換班一次，上到甲板曬太陽取暖。我問他們來自何處，身體為何能抗拒如此低溫，原來來自山東北方，有一位來自東北，從小習慣冰天雪地生活，原來是天生俱來的抗寒DNA。北國成長的山東大漢耐寒指數果然高人一等。

中餐因我們檢查電梯而延誤，都快變成下午茶。熱情的王船長令伙房早就準備酒菜，在寬敞的船長室旁專用餐廳替我們洗塵，餐廳內部豪華裝潢與五星級飯店的包廂無異，十二人大圓桌，旁設有舒適大沙發，還有卡拉OK音響，剎那間彷彿置身山東高級餐廳，只差沒有穿旗袍開高衩的美艷服務生。

餐桌上，船長主人在上坐、我們三位外賓，另外還有船上高級幹部六人，共十位。

山東簡稱魯，山東菜又名魯菜，是中國八大菜系之首，古代歷史文化、地理環境、習俗條件之形成，加上孔子出生山東，儒家思想影響中國、日本、東南亞，是中國古文化發源地，其土地肥沃，氣候溫和，物產豐富，蔬菜種類繁多，品質優良，號稱「世界三大菜園」之一。山東半島突出於渤海與黃海之間，漁產豐富，是中國少數會享用海鮮之地。

山東與北京地理接近，因此魯菜的特色大大影響北京菜風格，明、清兩朝，都以魯菜為宮廷御膳主體巧加變化。

大船上的山東師傅廚藝果然不同，滿滿一桌有十二道菜，三色拚盤、糖醋鯉魚、油燜大蝦、紅燒蹄膀、濟南烤鴨……京、魯、川菜各地佳餚都有，未加味精之鮮魚清湯，湯頭味鮮不腥，奶色醇而不膩。主食是有名的山東大饅頭及麵條，饅頭用老麵桿製，吃了不起胃酸。

我驚訝於大船的廚房竟珍藏如此多陸地食材，身懷絕技的大廚竟屈身於汪洋大海中。

王船長也不示弱的拿出珍藏的山西汾酒、瀘州老窖等中國特級美酒來饗宴賓客，我對山東的孔府家酒濃厚人工香味無法忍受，還好他沒有拿出來。

討海人長期在浩瀚大海中，個性與騎馬馳騁在原野的大漢相同，豪邁奔放，也是大碗喝酒，大口吃肉，何況他們都是山東大漢，天生性格豪邁，碰杯即乾，下午茶（午宴）直到午後過五點才結束，當然不勝酒力的我又酩酊。

吃飯時始終不見小凱，正確地說，在補給船上或母船上用餐都不見他的蹤跡。原來出身河南內陸土生土長的他，從肖特搏命上了舢舨，一路船行顛簸暈眩至今，目前暈船還躺在床上起不來，還好買魚的船兩天後才會到，趁此空檔稍事休息，恢復體力。

醉夢中，似乎感受出不是平靜夜晚，惡風掀起巨浪，巨大船隻搖晃得比昨夜還大，隨著大船的搖晃，我腦袋也像跑馬燈般旋轉：

想起這次的旅程，彷彿在做夢，夢中憶起半夜由台北出發，飛機在黯黑虛空裡，繞著地球橫跨歐亞兩洲，從黑夜到白晝，又輾轉到達美麗的大加那利小島，意外渡個徬徨不安的假期，再沿海岸行走於撒哈拉沙漠邊角，經過生死搏鬥來到大西洋中的一條大船。從初始的好奇，變成不安、惶恐、直到抵達目的地後才稍微放下心。

狂浪不停翻攪，腦袋像縮時攝影，彩色與黑白影片交錯的快速播放。連續劇何時停止，狂風暴雨何時止歇，清醒或沈睡，模糊意識一直處在朦朧狀態。

清晨醒來，風平浪靜，昨夜的狂風暴雨渺無蹤影，大海平靜的彷佛沒有任何事發生。

晨曦在天際線漸露曙光，天空湛藍，沒有一絲雲彩，海面氤氳裊裊，如夢似幻富含詩意，深吸一口清新稍帶海味空氣，張開口將平日積存在肺中濁氣盡情排出，果然是正宗國宴好酒，醉不上頭，一吐一吸之間，宿醉的腦袋瓜也清醒不少。

朦朧霧中，看到遙遠海平面漸漸浮現二艘魚船魚貫向著母船而來，後面跟著漫天飛舞的海鷗。

我快步來到船尾，一睹滿載而歸的捕魚船卸貨過程。由七萬噸級的巨船船舷向下望，二千噸的補魚船，就好像舢舨大小。母船上伸出超級吸管慢慢垂下，捕魚船上的水手抱著吸管，吃力的插入搖晃魚艙裡，在晃蕩中鎖緊吸管，抬頭仰望母船，豎起大拇指向上比兩下手勢，母船上的工人迅速開啟幫浦，好像在吸吮著珍珠奶茶，「咕嚕！咕嚕！」一魚群快速在管中飛馳，半個鐘頭光景就結束，卸下接頭，母船收回巨大吸管。換下一台船靠近卸貨，前一台捕魚船立即離開，絲毫

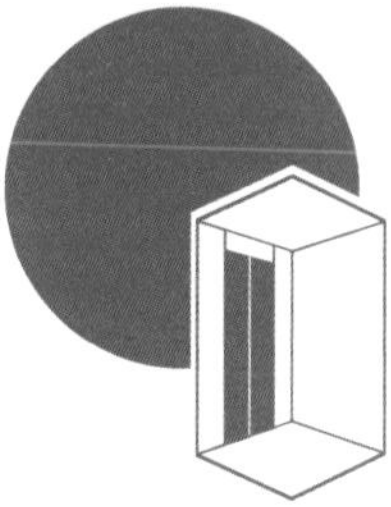

不逗留，這些徹夜作業的水手，在狂風暴雨滔天巨浪中，與大海搏鬥一整晚，他們應該是要快一點回去補眠吧！

用完早餐，此行最大目的終於正式登場。

王船長召集輪機長、漁撈長、負責維修電梯的機電長等十幾位相關幹部與工程師開會，高級幹部昨天午宴都已碰過杯子喝過酒，早已不陌生，不必像到日本開會，還得客客氣氣行禮如儀，交換名片，彷彿初次見面。

會議開始不須客套，立即進入主題，首先負責維修電梯的機電長彙報一年來使用狀況，當我詢問保養狀況及故障次數，機電長回答：「被撞壞的故障有三次，正常運轉沒有故障。」他們都對雄崎電梯的品質，給予極大的評價與肯定，我心中暗自歡喜，不好意思形色於外，謙虛一番，也給船上機電保養人員的保養技術大大誇獎。

接著檢討現有電梯必須改善之處，畢竟這是我電梯生涯中，首次嘔心瀝血創造出來的，雖考慮周詳，難免有疏忽之處，希望客戶的指教，無止境的改善，才能有更好產品。

王船長詳細說明對新電梯運輸效率提高構想，及輪機長、漁撈長及賣魚單位等使用者提出的需求。

首批的電梯運輸方式是船舶工程師與業主黃總裁提出的。但使用後，實際操作者總會有不便之處，此次使用單位對電梯運轉性能、運輸送效率提高是最大訴求，尤其針對改善車廂如何不被撞開的對策，因應對策需要雙方充分交換意見，也是討論最長的議題。

我提出電梯車廂如何被撞開的疑問，機電長的說明解開我的謎團：

當堆高機要將堆滿貨物的棧板放入電梯車廂之際，一個突如其來的風浪，使得堆高機打滑撞上電梯，會把正面車廂壁撞壞。

出貨時，天氣晴朗的日子為求快速，升降路頂蓋會打開，起重吊

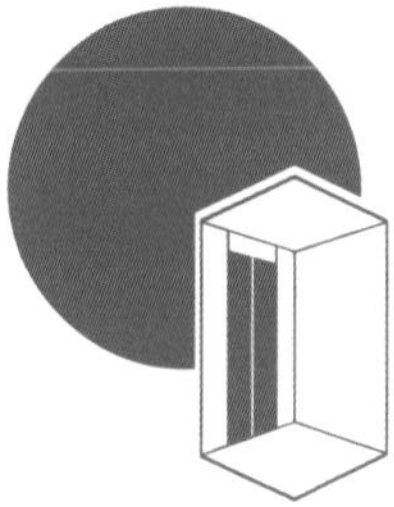

鈎直接垂降到車廂內吊起貨物，吊桿在起吊棧板時，沒有垂直鏡頭可對準，鋼索總是偏一角度，吊鈎與棧板不是垂直度，起吊時，棧板會像鐘擺一樣衝撞電梯車廂壁板。

如果再加上突如其來的浪濤，會讓船身晃動，能撼動七萬噸大船的風浪絕對是巨大的，且是連續不停，搖晃的力道，所造成撞擊方式與吊著一千公斤大鉛錘的鐘擺，左右擺動無異。這個說法與我昨天的猜測相同。

下雨天時，升降路頂蓋不打開，電梯來到頂樓，棧板用堆高機拉出，送到吊桿底下，再用吊桿吊到買家船上，所以沒有鐘擺撞擊的問題。

電梯壁板不是四面緊閉，有一側為出入口門，壁板無頂蓋，固定位置只在底部，用螺絲固定在車廂框側邊。壁板上方無固定點，因為有出入口，也不能用桶箍原理箍住，將四面箍住，只能側壁與正面壁互相頂住，轉角處用槽鋼為支柱，耐撞強度雖強，但總是有罩門，所以雖然用粗大槽型鋼鐵支撐的壁板，加上高張力螺絲固定，在連續撞擊之下也會被撞開，難怪昨日看到耐撞十噸的壁板有被撞開的痕跡，驚訝於撞擊方式是我始料未及，也是船舶設計公司工程師們未曾想到的。

對於車廂被撞壞的問題，改善之道是改變進出貨方式，車廂上到甲板，捨棄從升降路頂端出貨方式。車廂壁有天蓋，這樣車廂體有完整加強框架，最主要是沒有鐘擺撞擊的因素發生。

無論天晴或雨天，出貨不再由升降路頂端用吊桿直接吊起。以傳統方式，當電梯上到頂層，啟動電動滾輪，將棧板從車廂出入口，自動用輸送帶送出，經乘場門到甲板上至安全距離，再用堆高機移到吊桿下方。能避免堆高機要將貨物移出時，受到風浪，碰撞到車廂壁或門板。

棧板遠離車廂，吊車起吊，吊鈎頂端與棧板容易垂直起吊，即使大浪打來，棧板也不會因鐘擺效用打到船上任何設施，這種方式看似慢拙，但整體考量，反而快速又安全。

底艙車廂是要以單次裝載棧板數量來考慮，或是以單次最快裝載速度來考慮，最佳方式單次棧板裝載多量，速度又快，但是魚與熊掌常無法兼得，只能二選一。頂層卸貨方式，吊車提吊方式都必須調整，經過雙方熱烈充分討論，雄崎以客為尊，滿足客戶要求，王船長也能瞭解，會議不到兩小時雙方就得到共識。

充分準備才能迅速解決問題

這場不到二個小時的會議，卻讓我不捨晝夜，花了超過一星期的時間，歷經層層驚險關卡才到達，回程肯定還要大船接中船，中船接小船，經過撒哈拉沙漠，搭數趟飛機。除了通過原來關卡，是否還有臨時產生之關卡尚未知，但至少需要再花一週才能安然到家，這段難得經歷卻給我人生留下不可磨滅的體驗，是空前也是絕後。

這場會議雖只有短短二小時，但有經過充分溝通，其背後支撐的是事前經過長時間思考，雄崎公司設計團隊累積三十多年客製化電梯研發與製造經驗，才能催生這四台別人不敢承接的電梯，我從開始即親自主持設計，從構思、設計、製造、安裝、試車，所以我對它們瞭

• 拉椰提號雄姿

若指掌。

我也站在客戶立場了解拉椰提號船隊的需求，才能快速解決王船長的問題，再怎麼困難、無理的要求也必須滿足顧客。細部設計則是回公司後，設計團隊該傷腦筋的事情。

雄崎電梯為客戶量身製造的電梯，是要給客戶方便使用，雄崎電梯要為產品負責，也要為業主的需求著想，才能賓主盡歡。這趟行程不只是單純的買賣行為，是企業責任的承擔，盡量滿足客戶的需求服務顧客是雄崎電梯的主要企業責任之一。

從接到黃總裁電話開始，過程中步步驚奇，

層層關卡考驗著我，一段旅程結束，不知道下一趟旅程，是驚還是險？到了茅利塔尼亞第二大城努瓦迪布後，像過河卒只能前行，不能後退，最終被推到大西洋中的一條船上，還好結局是美好的。

人的一生，從呱呱墜地、啟蒙、求學、結婚、育兒、事業……每個階段都要去經歷，有許多未知關卡要去闖，有驚也有險，但是你永遠不知道下一個階段是否能安然度過，但是你必須運用智慧，讓每個關卡都要安然度過。

人生旅程每分每秒都是未來，明天或意外誰先來都無法確定，有驚喜、有無奈、有開心、有哭泣、有期待，只能往前走，當生命陷於低潮，在十字路口徬徨時，你的抉擇會決定下段旅程，但是人生的結局是未知的，是美好的？是淒慘的？是幸福的？

即使是神仙也不知道，直到蓋棺始能論定；把握人生，把握當下是最佳抉擇。

• 拉車的小毛驢：沙地運輸工具

• 克難足球場：在沙地練兵的小孩

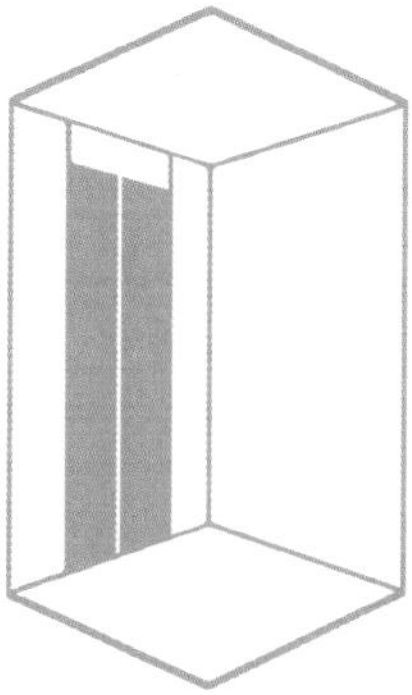

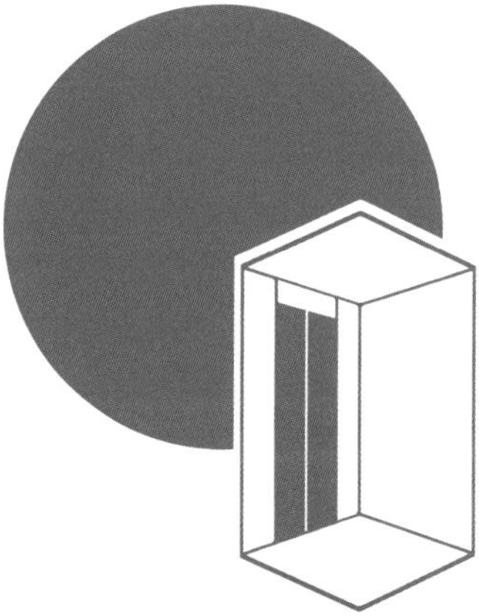

把傳統
玩成現代

第四次中東戰爭在一九七三年十月爆發，加上六年前的以阿之間的「六日戰爭」，埃及、敘利亞等阿拉伯國家顏面盡失，石油輸出國組織的阿拉伯成員國，決定以石油為武器，首次宣布石油減產，並禁運至西方工業大國，打擊以色列及支持以色列的西方國家，造成西方依賴大量石油的工業國家經濟大亂，進而擴展至全球，國際抄家操縱原油價格，短時間內從每桶三美元，飆漲至十二美元，造成全球從二次大戰後，爆發出最嚴重的能源及經濟危機。

美國工業生產值下降百分之十四，日本下降百分之十二；台灣的工業正在起步，沒有能源，經濟嚴重遭受打擊，百業蕭條，物價飆升百分之四十五，工業產值由百分之十三驟降到百分之二，並連續三季負成長，產業幾乎停擺，政府因此實施第一次禁建措施因應。（數據資料來源：MBA智庫百科）

西方石油消費大國，因石油價格飆漲，經濟嚴重衰退，失業率攀高，社會秩序大亂，情況直逼一九二九年美國發生的經濟大蕭條時代，惡化情況也潑及歐洲工業國家。

這次西方國家為了自己國家利益，不願重蹈覆轍，且為緩和經濟衝擊，對以色列的立場髮夾彎，紛紛表態不支持以色列，並迫使以色列對阿拉伯國家的讓步，改變政策，退出佔領的阿拉伯國家領土，緊張情勢緩和，於一九七四年底石油逐漸恢復輸出，經濟才慢慢復甦。

第一次能源危機爆發後，世界經濟嚴重下滑時期，我正在金門服兵役，對岸正好是文化大革命猖狂時期，紅衛兵作亂方興未艾，國軍每天緊盯對岸，防止對岸因紅衛兵作亂，大陸當局無法控制，為轉移其國內政權緊張情況，突然如同八二三炮戰時期一樣，砲擊金門偷襲，官兵全力關注在保家衛國任務。當年通訊不發達，資訊不透明，身在金門前線，完全未感受到台灣經濟蕭條景況。

我國政府除實施禁建措施外，並於一九七三年（民國六十二年）

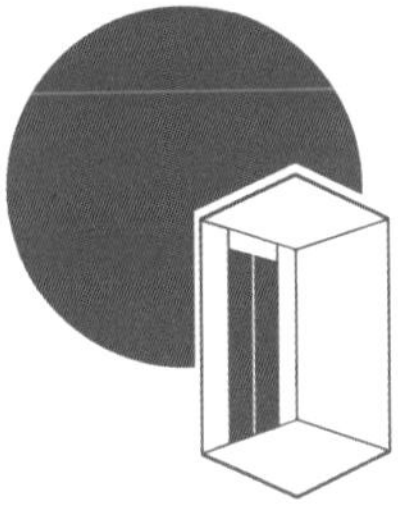

十二月由時任行政院長蔣經國先生宣布「十大建設」，以公共基礎建設，及現代化建設刺激台灣經濟，奠定台灣工業發展，拓展國際貿易擴大出口爭取外匯，增加就業機會，也順利度過一九七八年十二月爆發的第二次能源危機。

十大建設提高就業機會，也刺激國內營建業發展，當年營建業是台灣經濟發展的火車頭，帶動各行各業發展，Made in Taiwan 工業產品受到國際肯定，外銷產業跟著蓬勃發展。

退伍回台，正好趕上台灣經濟復甦腳步，十大建設也帶動營建業蓬勃發展，大都會高樓如雨後春筍竄起，我選擇進入當時屬於高科技的日商電梯公司，由基層技術學起，我運氣很好，台北市政府也正大力推動將工廠移出大台北區域，空出來的土地，大量興建七層樓電梯公寓，公司訂單激增。

潛心修行

有句二分之一童裝廣告詞：「如果你的頭腦只有別人的二分之一，那你就要比別人用功兩倍」

我另延伸一句：「如果你的背景只有別人的二分之一，那你就要比別人勤快兩倍」。

十大基礎建設雖然提供數萬就業機會，待遇高福利好的美商或日商公司大家都擠破頭想要進去，尤其任職的日本第一大電梯公司，人才濟濟，每次缺人徵才時，應徵信件真的是如「雪片般飛來」，想要在裡面出人頭地，必須「努力＋智慧＋苦力」。

成功＝努力＋方法

努力≠成功

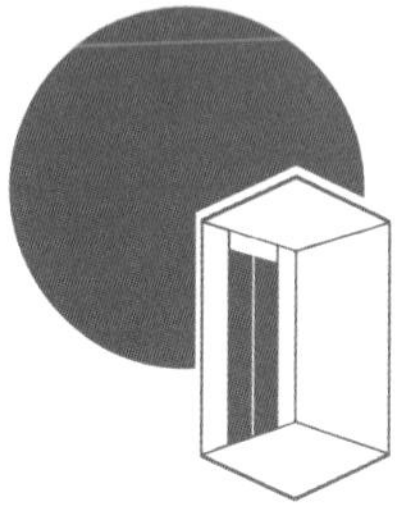

剛進日商公司時，在工廠擔任品管工程師，單位同事及全廠同仁有九成幾乎是創廠員工，由於電梯行業與高樓大廈習習相關，第一次能源危機禁建時期，工廠無單可生產，公司秉持日本傳統，沒有開除員工，放無薪假，每天照常上班。

聽說廠長懶散，時常蹺班回家打麻將，員工每天無所事事，打混摸魚，有空擋就蹲在機器旁賭博，但他們自恃有得自創廠時，日本移植來的技術，不怕被炒魷魚。

就業之初，我是剛服完兵役的社會新鮮人，經驗全無，年紀最小，常被呼來喚去，為了從中得到許多工作技術及待人處事經驗，卻甘之如飴；想想小學畢業時，許多因家境不好，無力升學的同學，畢業後就到工廠當學徒，三年四個月的學徒生涯，日月無休，清晨即起灑掃，半夜打烊關門後才能休息，每天十四小時，工作勞累，沒有工資，為了就是學得一技之長，那我這點苦實微不足道。

激增的訂單，遇到懶散慣了的工人，效率與品質無法提高，廠長與資深主管常倚老賣老，不聽總公司指揮。

設於台北的總公司，在品質與交期壓力下，終於拿出魄力，總經理謝先生親自下來整頓工廠，從廠長、部長、課長到基層工人，都成為整頓對象。

工作上的改革，對於懶散慣的員工實在無法適應，廠長帶頭抗爭，結果被開除，其他只要不適任或無法跟上公司進步腳步的同事，有的知難而退，有的被炒魷魚。剩下的，最後也被操得快步跟上，畢竟他們都是公司在就業困難時期，從明星學校千挑萬選的菁英。

我是剛服完兵役的社會新鮮人，新進公司，未經禁建時期惡習影響，幹勁十足，為了不願意被永遠當作「少年耶菜鳥」，為了學習更多製造技術，別人不會的盡量幫忙，他人不願幹的苦差事，主動攬在身上，工作遇到瓶頸回家翻書，下班到台北重慶南路書店街找資料，

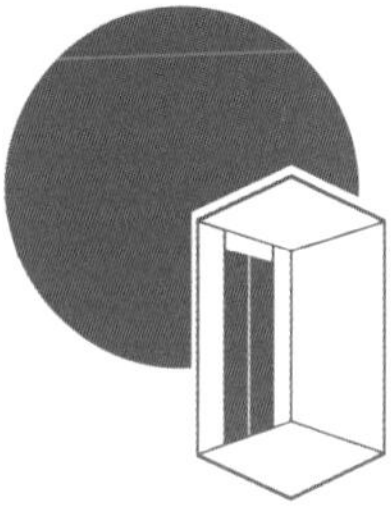

或到牯嶺街舊書攤尋寶，用盡各種方法尋找答案，不像現在，要找資料動動手指，在鍵盤上敲敲打打就得到答案。

慶幸的是，畢業後等兵單時（入伍通知單），先就業，當時任職位於新店的冶金鑄造、機床加工、組裝等一條龍工廠，廠長出身兵工廠是留學德國冶金專家，晚上義務教我們冶金鑄造知識、認識鋼鐵材料金相組織圖等技術，白天會安排去翻砂部門實地學習，五個月的專業學習，加上現場經驗，比教室填鴨式教育學得更多。很多人在等兵單期間，都閒賦在家，我算是幸運的。

役畢剛進入日商公司不久，公司正好要引進電梯重要零組件在地化生產，以提升國內製造技術，有些重要零件是鑄造的，那時期國內民間鑄造技術普遍不佳，翻砂出來的材質，強度不足，硬且脆，無法達到國際或國家標準。

大型鑄件常加工快完工，才發現隱藏在內部砂孔；有的鑄件加工完成，放置幾天後，發現變形，品質粗糙不良品比率超高，交期不穩，外包廠鑄造技術無法突破，現地化生產目標遲遲無法達成

公司常為了台灣鑄件不良，或因產品加工精度不足而傷腦筋，特聘請日本總公司派專家來工廠常駐指導，但因為語言溝通困難，及技術上認知不同，有點雞同鴨講，我當兵前所學的技術剛好可以派上用場，當他的助理相互溝通。協助他指導鑄造工廠設備改善技術提升，及工廠內加工機器更新，治具製作，加工技術精進等溝通上的問題，定期開會檢討及問題探討。

當日本工程師助理期間，為了能快速正確表達雙方意思，下班後，從位於偏鄉的工廠搭一個半小時交通車，回到台北進修日語，晚上回到家都超過十點，第二天早上六點半必須從家裡出發，搭交通車到桃園上班，睡眠時間雖短，但每天還是精神十足樂在工作中。

雖是助理，但跟在專家身邊，下班後，不能只有陪喝酒，進入寶

山怎可空手而回，也要盡所能多挖些寶礦，專家三杯紹興酒下肚，教興大發，有問必答，不問不答，問得越深告訴得越詳細。待八分醉，甚至還會將日本的技術 Knowhow 透漏給你，日子一久，從中獲得非常多寶貴的知識。他聘任期滿回日前夕，告訴我：「很高興我問得這麼多且深入。」原來他是醉拳裡的老師父，不是酒後吐真言。

熱心助人的個性，漸漸的受到同事肯定，當然日本專家返國前的總結報告，也提起挖寶這橋段，主動替你說好話宣傳，總公司高階經營層才知道有一個勤快、技術還不錯的少年郎。

初試啼聲

有家知名建設公司，在精華地段，投資興建高級豪華百貨公司，頂樓為旋轉餐廳，客人可以一面用餐，一面從高空欣賞三百六十度美景。特為用餐客人，裝設兩台六角形景觀展望電梯給餐廳專用，讓用餐客人有備受尊榮之感。展望電梯外側裝飾霓虹閃燈，使得大樓呈現金碧輝煌現代感，大樓已完工八成。

六角形景觀展望電梯當年是頂級產品，客製化生產，對於訂單滿滿的日本總工廠來言也是一大挑戰，交期要十二個月後才會從日本港口出貨，超高售價當年可以在西門町買幾十坪土地，無論價格或交期，客戶都不能接受。

大客戶不能得罪，除兩台展望電梯，還有多台大客梯及電扶梯，是張超大訂單。業務經理纏著總經理要想辦法，總經理親赴日本與總

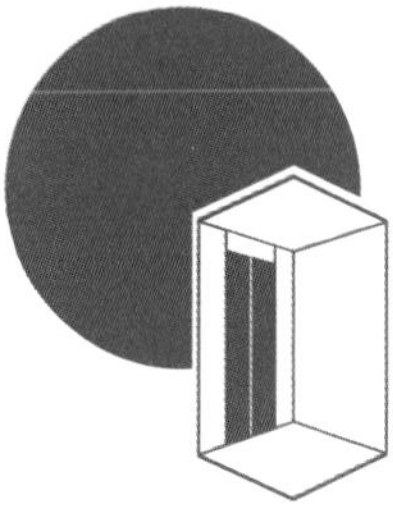

公司交涉，談規格、交期、價格，都無法讓客戶滿意，多次交涉未果，訂單幾乎要失去。

總經理遂責令廠長自行研發，且限期完成。因展望型景觀電梯都是從日本或美國進口，全台沒有幾台。任職公司只有安裝經驗，沒有製造圖面，短期內要無中生有，像變魔術般生產出來，談何容易。

廠長愁眉苦臉的召集開發、製造、工務部門主管討論解決方案，連續三天冗長的會議從早上到晚上。沒想到這些平時好像很厲害的主管，平時見到我們這些毛頭小子都述說當年如何厲害，完成不可能的任務，就像當兵時老芋仔吹噓打日本的英勇事蹟。

這些當年勇的主管開會時，竟然都提出雞毛蒜皮問題，鑽牛角尖，不然就是大眼瞪小眼，互相推諉，平時道貌岸然的廠長，現在看起來像是鬥敗的公雞，垂頭喪氣。

當時只是代理機械設計部門小工程師，也陪坐在會議桌一角，初生之犢的我看不慣打太極拳式的會議，不知死活冒出一句：「我來試試看！」

廠長及眾主管們用懷疑的眼光打量著我，又好像見到救世主，紛紛丟下一句「辛苦你了，一切拜托！」立即鳥獸散，深怕我反悔。

想起小學畢業，就去當學徒的同學，三年四個月就出師，我進入公司也已三年了，也該出師，何況還跟過一對一教學的日本專家，根本沒在怕。

靜下心，先在腦袋裡打個草稿，擬定開發方案。

第二天就騎著三陽野狼機車，帶著一群大學剛畢業的菜鳥後輩，前往台北西門町考察。

西門町獅子林大樓有兩台戶外防水型景觀電梯，我站在對街，用望遠鏡觀察外觀；也進到車廂內實際搭乘，研究車廂內部結構與裝飾，順便與美麗的電梯小姐搭訕。

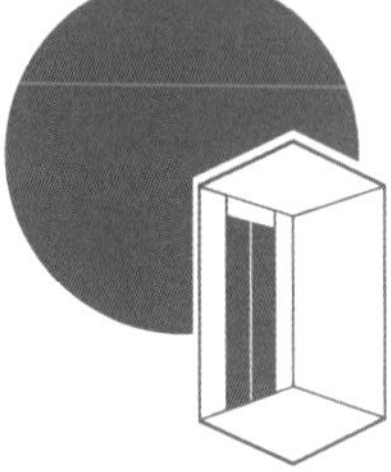

當年百貨公司挑選電梯小姐，高中以上學歷，必須美麗大方，身材高䠷，口齒清晰，條件不遜於金馬小姐。電梯小姐穿著清新高雅套裝，笑容可掬畫著淡妝，態度親切，我請教的問題，都熱心告知。

可喜的是她詳細解說操作經驗，及對電梯車廂內部裝飾提出改善之處，讓我獲益良多，將其建議詳列入開發改善要件。

下午轉往仁愛路財神酒店，詳細考察室內型展望電梯，自家廠牌，在工務部同仁特地停機解說下，讓我更深入瞭解車廂外部結構，同仁詳細說明保養時發現的問題，並詳細說明安裝過程中，及使用後發現的缺失，建議加強或改善之處，與上午在獅子林大廈觀察的戶外型互做比較。回廠做成紀錄，再向相關主管請教。

接下來二個月我帶領這群菜鳥，一面教導他們電梯車廂結構，及設計上應注意事項，分派工作，一面繪製設計圖面，教學相長，自己也受益良多。研發期間日月趕工，挑燈夜戰，睡工廠打地舖，二個月後終於把設計圖面交給工廠製造部門，接下來還要監督工廠製造及指導檢查方法，幾乎無休假日，女友也飛了，五個月後出廠到工地安裝試車完成。半年的時間由收集資料開始，經研發、製造、安裝，終於完成台灣第一台自製六角形透明景觀電梯。

此後，受到公司肯定，派我到日本總廠研修更高一階的電梯研發與製造技術。那年二十八歲，是台日斷交後第一位外派的機械工程師研修生。

「機會是給準備好的人！」從「心」開始，常言道：「內心若改變，態度就跟著改變；態度若改變，習慣跟著改變；習慣若改變，性格就跟著改變；性格若改變，人生就跟著改變」。

第一次出國，第一次飛離台灣，第一次搭飛機，第一次進入日本，第一次來到名古屋市，一切都是興奮、新奇，好多第一次擴展了我的視野。

名古屋市為日本第四大城，是工業大城，也是日本中部發展中心，有日本吞吐量最大港口，二戰末年受到盟軍三次大空襲，建設嚴重破壞，反而造成戰後重建一大利基。

名古屋乾淨整齊的市區公共建設，傳統日式建築，及東西方混搭的高樓大廈，整個街廓看起來非常和諧，讓傳統與現代交流。

地上捷運網，配合地下鐵，成為四通八達交通網，日本從戰後不到四十年間的進步，確實讓我驚嘆，暗忖台灣的公共工程建設起碼落後三十年，台灣必須急起直追，否則落差會越來越大。

從日本研修回來，工作量也越來越重，我絲毫不以為苦，因這正是我學習後，大展身手的好時機，龐大的工作量反而激勵起挑戰自我的鬥志。

機不可失

營建業當年是台灣經濟的火車頭，抓住景氣復甦契機。國內電子科技業未興起之前，台灣經濟景氣由衰至興是六年一循環。日本研修回來沒多久，台灣房地產由谷底翻升，七層樓公寓在台灣北中南三大城市熱銷，電梯需求量暴增，公司生產線來不及擴增，產能不足，出貨延遲，時常受客戶責罵。

約半年後，總公司發出社內函件，徵求課長級以上員工出去創業，建立本社的衛星工廠，以工廠鈑金、塗裝、控制箱配線、電梯安裝等比較耗費人力的工作為先，這樣公司不必花費冗長時間培養衛星工廠。

當同事們尚在猶豫著，上級是否在測試員工忠誠度時。這在台灣戒嚴時期有此想法是正常反應；我稍加思考分析，覺得公司是順應國際潮流，建立衛星工廠體系，不是測試員工忠誠度。

與家人商量後，就抓住此難得機會，大膽遞上「鈑金加工廠創業企劃書」向台灣總公司申請，立即獲得同意，遂於一九八八年春天率先成立鈑金焊接加工廠，正式成為公司的衛星工廠。

設立目標

汽車、火車是平面交通工具；電梯是垂直交通工具，係較特殊工業產品。與大樓息息相關，「沒有高樓，就沒有電梯；沒有電梯，蓋不了高樓」。就像魚幫水、水幫魚。由六層樓以上才裝電梯的時代，發展到現在，因無障礙空間之需求，二層樓也要裝電梯。

電梯是由電腦自動控制、電機、機械、鈑金所組成，我是學機械與鈑金的，在任職日商公司期間對於電梯的機械、鈑金等機構有深入研究，因此不以鈑金零件代工為滿足。

於創業初期，發出宏願另創立「電梯製造公司」，訂定三年內要做出一台屬於自己的電梯，目標仍以製造為主，研發各家都可共用的載客用電梯，以及使用者特別需求的客製化電梯，範圍包跨客梯、客貨梯、搭載汽車、病床、貨物等電梯，以滿足市場需求。

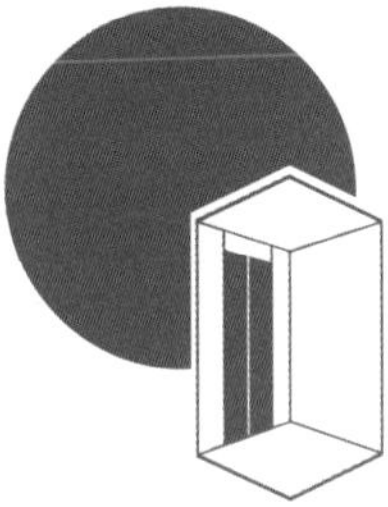

期許自己，要創造時尚平價電梯，讓電梯走入一般家庭，不再是奢侈品，造福社會，給老年人或行動不便者創造活動空間。

初陷紅海（辛酸血淚史）

家家有本難唸的經，我當然也有一本酸甜苦辣經。創業三〇幾年碰過無數挫折和困難，必須在沮喪中學會認識自己，學習成長，建立自信，鍥而不捨精神。

一、背後補一槍

一九九四年台灣經濟下滑，我遭遇到創業以來最大危機，那時常常獨自從工廠開車上陽明山吹風，聽松林風濤，看夕陽餘暉找靈感，找解救方法。

正逢中國慢慢崛起，遂邀昔日同事，連袂到中國尋找商機。他的專長是電梯控制系統與安裝，我是電梯規劃設計，機械與鈑金製造，我們的搭配是互補的黃金搭擋。期望共同在中國闖出一片天，上海、重慶、北京……江南江北到處跑，尋找商機，也尋覓立足點。

眼看大城市高樓一棟一棟蓋起來，矗立在天空中的「蜻蜓」（建築塔吊）越來越多，電梯需求當然也旺盛，炙手可熱。於是在成都與一家台商與大陸合資的電梯公司談合資，台商原是台灣營造業，中方是傳統電梯廠的廠長，當年中國電梯技術落後我公司有十年，他們極力邀請我方加入。

談判過程中，我卻被昔日同事背叛，這位同事表面與我合作，提出不合理條件，要求我在談判桌力爭，私下卻與對手台商暗通款曲，私奔敵營，當兩面人；談判鎩羽而歸，失望的回到台灣後，立誓不再投資大陸，另行拓展日本等海外市場。真是應了「老鄉見老鄉，背後補一槍」這句諺語。

二、峰迴路轉

二〇〇八年八月八日北京奧運轟轟烈烈舉行；九月十五日美國雷曼兄弟的兩個敗家女兒，房地美（Freddie Mac）與房利美（Fannie Mae）豪奢成性造成老爸受到「次級房貸風暴」影響虧損連連，股價慘跌到一角美元。造成全球股災，金融業慘兮兮，體質不佳的銀行競相關門。

美國打噴嚏，台灣重感冒，企業奄奄一息，公司連環倒，員工不是被裁員就是放無薪假，股市哀鴻遍野，政府舉債八百五十八億新台幣，緊急發放每人新台幣三千六百元消費券因應，用消費券帶出消費者儲存在口袋的錢，刺激經濟。

雄崎公司也不例外，剛慶祝完二十周年慶，就面臨要放無薪價的窘境，一大堆訂單無預警喊停，又受到比雷曼兄弟更厲害的「電視名嘴風暴」恫嚇，整天愁眉苦臉，心情盪到谷底。

時常獨自騎著鐵馬，頂著凜冽寒風，在大佳河濱公園、淡水河與基隆河來回穿梭，偶而騎上陽明山風櫃嘴，讓冰冷寒風清醒頭腦，紓解壓力，祈望奇蹟會出現。

有一天我告訴老婆，我要開車到台東去散心，中途會經蘇花公路，佩樺心疼我的處境，怕我想不開，放心不下硬要與我同行。出發那天剛好超級寒流來襲，我的心情比寒流溫度更低。這麼冷的天氣佩樺試圖勸阻，然當時心意已決照常出發。

天空壓得很低，灰濛濛一片，更添加肅穆寒冬之感，本來車水馬龍的雪隧，空蕩蕩沒幾部車，兩人沿路有一搭沒一搭的聊著，大部分時間是懷著極壞心情的靜默。

來到台東初鹿牧場山莊，寬廣的停車場，竟然一部車都沒有，只有幾部機車，初鹿山莊燈光黯淡，除了櫃台一位接待小姐，內部空無一人，深怕住到黑店，逃命似的跑出山莊。

開車往附近紫熹山莊，內部燈光明亮，櫃台有三位接待人員，內心稍微放心，可是也沒有住客，正在猶豫時，一台大遊覽車帶來三十幾人乘客，當晚諾大的山莊停車場就只有一部遊覽車，與我一部轎車。

原本預定四天三夜行程，在寒冷空氣調適下，頭腦清醒，心情稍微平靜，逃避不是辦法，畢竟還是要回來面對現實，思考解決對策，第三天就打道回府。還好第二年春天就接到一筆急單，解決無薪假的困擾。

「惡劣環境來臨，當作是上天要考驗自己，咬緊牙向前行，不要畏縮，唯有經歷過磨練的生命，才能淬鍊出堅強的生命力」

聖嚴法師：「面對它，接受它，處理它，放下它」

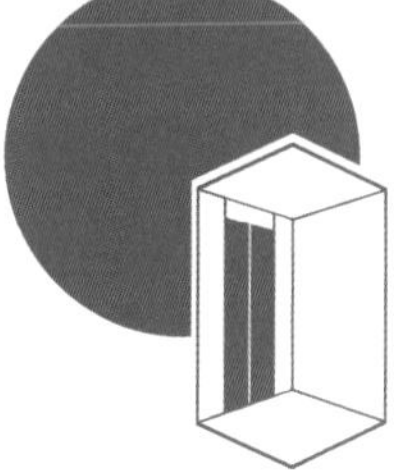

積極研發（策略聯盟）

一、到西方取經

一九九九年，我第一次跟團到德國奧格斯堡（慕尼黑）參觀每兩年一次的世界電梯大展，團員大都是中小企業老闆，夫婦同行。除我單身前往，且是初次看展以外，他們至少去過二次以上，此行主要目的是要去奧捷匈觀光，看電梯展只是「藉口」，所以只排一個上午；短短的時間，我卻在展場看到新科技電梯的前景，可以改善人類未來的生活，回國後，立即著手研發透天厝用無機房電梯。

透天別墅無機房電梯研發成功，開啟台灣電梯界新革命，甚至影響到日本及中國大陸，也創造雄崎公司新的命運，業績大幅上升，這就是「敏銳嗅覺創新」。

現代改變人類生活的科技必須靠團隊（Team Work）完成，團隊要靠「合作」，合作不是最堅強的人組成，而是由最合適的人組成，其必須具有堅強的意志力與行動力。

二、無機房電梯誕生

德國回來後，立即組成「無機房電梯研發結盟小組」，我擔任召集人兼策劃，雄崎擔任電梯機構整合設計、車廂結構研發，另設控制系統、與驅動系統等三家專業廠，開發無機房電梯，並在雄崎舊工廠後院搭蓋二〇米高的臨時無機房電梯試驗塔。

從構想開始、經草案規劃、結構擬定、細部規劃到實體製造、整體安裝測試，每家專業廠發揮專長，相互協調，卯足勁向前衝，期間經過多次修改校正，終於在六個月後成功發表，效率比大廠快好幾倍。

任何團隊都只有一位領導者，團員不爭功、不諉過，每個人在自己崗位扮好自己角色，事半必功倍。

徜徉藍海（成功果實）

一、從最困難的地方著手

無機房電梯開發完成，接下來是尋找市場。追求完美是日本人的民族性，精益求精的職人精神，全世界都佩服，產品只要通過日本市場考驗，就像品質保證，銷售其他國家就不成問題，為了考驗雄崎的實力，我就從日本開始切入，尤其是人口稠密的東京都會區。

日本人傳統生活習性封閉、固執，對於科技接受程度卻很靈活快速，無機房電梯在日本沒有明確法規，但當時日本二大廠三菱、日立正在研發中；東芝電梯與芬蘭KONE電梯合資在日本大肆推廣，因優

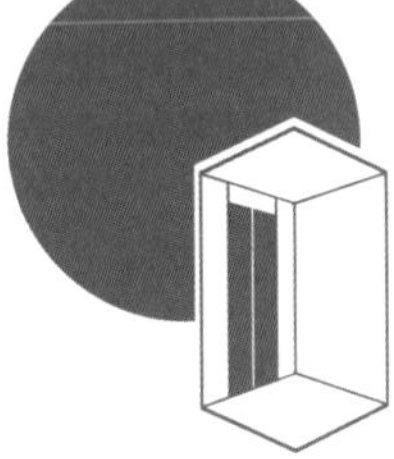

點太多，深受喜愛，東芝、KONE都是世界大廠，迅速刮起無機房炫風，中低層樓客梯市場幾乎寡占，甚至橫掃東南亞市場；其他兩大廠眼見泡沫經濟後，已經萎縮的市場，又被東芝電梯吞食大半，遂急起直追，他們一邊開發，一邊利用集團影響力，修改日本JIS電梯法規。

無機房電梯是時代尖端產物，有多處必要的設計，牴觸到台灣建築及電梯相關法規，台灣法規修改速度永遠跟不上企業研發腳步，一家中小公司要在國內銷售，挑戰法規實在窒礙難行。

但是無機房電梯優點實在太多，山不轉路轉，遂單槍匹馬帶著最新研發出來的產品到日本兜售，從東京、名古屋、京都、大阪、九州、沖繩拜訪中型電梯會社，沒想到廣受喜愛，紛紛到台灣工廠實地觀摩，順利打開日本市場。

台灣的電梯大廠也風聞雄崎的成果，紛紛要求合作，但礙於電梯法規也躊躇不前。

我想如果日本可以接受，可以用日本先進法規去說服台灣的電梯主管機關。借用新修改的日本 JIS 電梯法規，向中央標準局努力推薦，修改中華民國 CNS 法規，經過電梯大廠多年爭取，終於獲得認同，無機房電梯才得以進入國內，造福人群。也因此間接促成台灣透天別墅盛行。

國內中小企業受限於人力，往往將產品銷售到比台灣落後的國家，短期能拿到大把訂單，但由於生活水平落後，對產品要求不高，價格低落，工廠會因長期生產低價位產品，無形中也會導致工廠品質下滑。

二、小池裡的大魚

日本大廠的工程師自視甚高，會以要了解你的產品為藉口，將你的產品鉅細靡遺問個透徹，甚至索取完整圖紙，偷你的 Idea、先進技術，然後去設計自己的圖紙，再一腳將你踢開，變成他的成績，向上級受封領賞，或刻意壓低價格讓你知難而退，將訂單給原有的衛星工廠。

國人對日本企業的印象都是很大的財團，其實日本中小企業數量也佔有九成以上。日本中小企業同樣受限於技術、人力、資金，對於研發新產品技術非常欠缺，只要產品好，品質優，讓他賣就高興，不會偷你的技術，還會熱心提供改進意見，或共同探討更優質產品，研發新加工技術，讓產品更加完善。

雄崎最新研發的無機房電梯，剛好補足他們欠缺的那一塊，他們會奉你如神明，成為你忠實客戶。雄崎提供的無機房電梯，讓中小電梯会社提前與大廠相較高下，也引起大廠關注，想來摸摸底，我因為吃虧在前，謝絕日本大廠合作提案。

雄崎也因為長期與日本合作，多年來累積許多寶貴經驗，技術在設計與製造方面與日俱增。

「**寧願在小池裡當大魚，不要到大海當小魚！**」這就是我最大的感想。

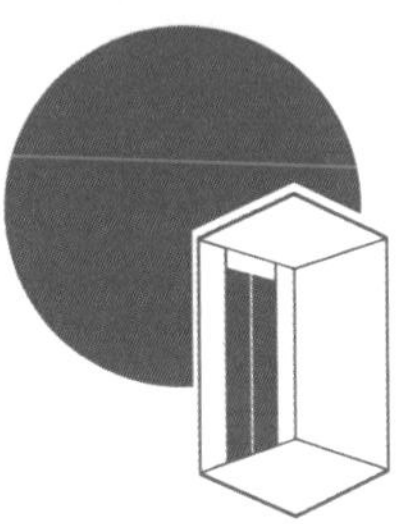

衝破難關

一、不斷研發創新

日本老人化社會比台灣提早出現，無障礙空間觀念比台灣提早了二〇年，剛開始研發無機房電梯的構想，是配合日本政府的老人福祉政策，以日本的老舊公寓加裝電梯為目標市場，當然住在裡面的大都是年長者，或獨居老人居多。

老舊公寓增設電梯的市場也擴增到新加坡。值得一提的是日本與新加坡這兩個國家，對老舊公寓增設電梯是政府主導招標採購，所有的費用都是政府預算支出，包含升降路用地、土木建築、電梯設備等所有工程費用。

台灣約十年前，也推出補助老舊公寓加裝電梯政策，但條件限制很多，住戶要自行取得電梯升降路用地，升降路土木工程、電梯設備等總價，政府補助約百分之四十五，最高上限二百萬元，住戶是看得到吃不到。

二〇一六年政策再次鬆綁，程序還是冗長，關卡重重；很奇怪我們繳的稅金到底跑到哪裡去？我常戲稱：「老舊公寓加裝電梯政策是選舉語言」尤其選舉到了便會被再次提出。

日本老舊公寓增設的無機房電梯數量雖多，畢竟它如同是汽車界裡的「March」量小價少，且是計畫經濟，訂單多寡也要看政府預算，選舉前是旺季，選舉結束就容易被忘了，好像世界的政客都一樣。

為了擺脫競爭著，擴增產品種類，提升業績，遂積極研發無機房型的大客梯、大型載貨電梯、汽車梯。取代傳統油壓式電梯耗電、漏油、異味、吵雜……等多項缺點。新的機種研發，讓中小型同業，甚至大企業在後追趕。

企業如果沒有持續創新，競爭者就跟上來，最終淹沒於紅海。

二、打不贏他，就擁抱他

日本客梯市場雖是三菱、日立、東芝三大廠的主力，與他們競爭如同以卵擊石，但嚇不退雄崎這隻具有台灣水牛精神的小魚，我們在水族館裡可以看到，大鯊魚在遨游時，許多小魚在它的上方或後面跟著，而不是在它的前方搶食物，在它的前方剛好被當作點心。

新研發成功的無機房大型貨梯，終端市場以大中型工廠、大賣場、大樓地下或屋頂停車場為主，搶攻特殊用途電梯，這是日本大廠最弱的地方，我們與大廠合作，共同搶食這塊大餅，大廠也樂意跟我們合作，甚至於讓給我們直接接洽。

「呼山不應，我來就它」。我們不要與大廠爭地盤，而是與大廠合作，它吃肉，至少我們有湯可喝。

三、勿好大喜功

日本橫濱有一客戶，第二代到美國遊學一年，學了一招半式西洋管理，回到日本後，對公司未來發展雄心萬丈，急著請他老爸退位。老爸被嚕得沒辦法，二年後退位下崗，這位仁兄終於當上老大。

俗諺「新官上任三把火」，何況私人公司的BOSS（老闆）擁有絕對權力，他先幹掉他的弟弟，美其名是助其創業當下包，畫個大餅給弟弟看，其實他也沒多少工作量可外包？接著砍掉一些看起來是米蟲卻經驗豐富老臣，重新招一批沒有經驗的年輕人，準備來個勵精圖治，可是他算計錯誤，以致業績直落。

施琅因收復台灣有功，當其要告老還鄉時，康熙皇帝說：「為將尚智不尚力，朕用爾以智。豈在乎手足之力乎？」殊不知老臣，經驗老到，看是無事可做，其實隨時監督在側，出手便是七寸，老臣用的是智力非體力。

第二代未經歷創業之艱辛，好大喜功，搶標了好幾個大單，這些單子電梯全部下到雄崎，也不殺價，剛開始我也對這位青年才俊刮目相看，畢竟年輕人有魄力，初始出貨付款還很正常，漸漸取得信任後，就要求出貨後付款，接著要求付款期限延長，我驚覺不對勁，立即停止供貨，才沒被拖垮。

所以說，「**營業額只是裝修門面，利潤才是鋼筋水泥！**」

後來才知道，這位二代接班人，瞞著老爸低價搶標公家案件，看似有規模的廠房土地機器全都是租來的，包含父子倆開的德國進口轎車，外表闊綽其實是打腫臉充胖子。

在熙來攘往的人群，有的西裝革履，有的穿得閒情逸致一派悠閒，有的名牌滿身；但是不要以貌取人，西裝畢挺的日本人，不要認為那是口袋滿滿有休養的紳士，西裝是他們上班的制服，也許口袋是滿滿當票。同理不要瞧不起中國土豪，雖然他們也許鑽戒掛滿手，但他不會讓你跑三點半，付款乾脆，講信用。

最重要的是要深入了解客戶實力、信用，付得起貨款，一切小心為上策。

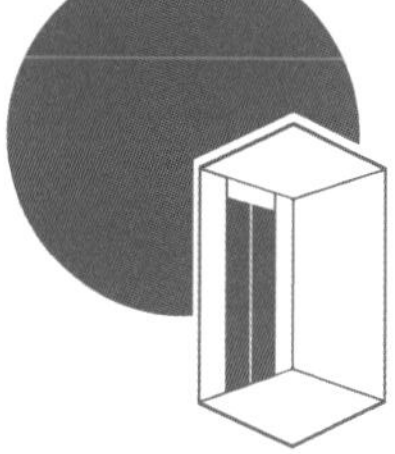

未來科技知慧電梯5.0

「沒有高樓，就沒有電梯，沒有電梯，蓋不了高樓」，兩者習習相關，現代辦公大樓有如競賽，越蓋越高，規模也愈大。電梯是大樓的動脈，輸送客人到各辦公樓層，一旦電梯故障，輸送停止，大樓就像中風一樣停擺。

一、電梯叫車APP系統

假如你每天上班，高峰時段都要在大廳排隊等電梯。你的辦公室在二十樓，好不容易輪到你進入電梯，卻發現從二樓到二十樓，每層樓都有人按，原本二十秒可以到，卻花了三分多鐘才到達，這也是解釋為何需要等十五分鐘才能搭上電梯的原因。

在大樓設計之初，提供給建築師交通流量計算，裝置足夠的電梯族群，分低、中、高樓層段落搭乘，提高運輸效率。

來到電梯群組前，在手機電梯叫車APP系統，輸入要前往的樓層，智慧電梯透過人工智慧計算，指示你搭幾號電梯，告訴你等待時間、搭乘時間、幾分鐘內到達辦公樓層，甚至會呼叫你搭乘。

系統APP視運載情況，自動不停靠二、三樓，將搭程時間縮短百分之八十，也不會因排錯隊，消耗掉寶貴時間，也不限於在大廳起搭。

二、可自動呼救的智慧電梯

老年化社會已是世界常態，對於居住在獨棟別墅的家庭，裝上電梯是最基本設施。白天年輕人上班，獨留老人單獨在家，搭乘電梯時

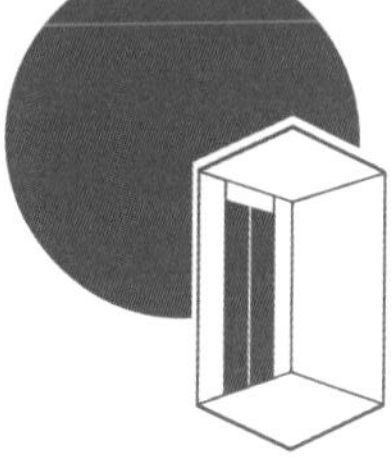

忽然跌倒，家居型智慧電梯自動偵測到老人暈倒，停留在電梯內時間過長，或電梯因故停留半空中。

電梯經過自身AI裝置發出求救信號，通知家人、電梯公司、呼叫救護車，當救護人員到達，打開閉鎖大門讓救護人員，在家人尚未返家前進入救人，家人可以透過手機全程監視。

同時電梯公司接獲訊號，會立即啟動監控系統，並通知就近保養人員，迅速趕往救援，避免遺憾事情發生。

七層樓公寓，深夜單身婦女返家，非住戶陌生男子尾隨進入，智慧電梯透過臉部辨識系統，主動詢問陌生男拜訪主人的基本資料，若答錯立即發出警訊，並通知保全處理，迫使男子離開。

三、可直達登陸月球的超高科技電梯

假如從台灣地理中心拉一條鋼纜到月球，一端固定在台灣，另一端固定在月球，當作電梯軌道。

電梯車廂外艙採用太空梭耐熱耐磨擦材料，但因速度比火箭慢，等級可以降低，減少成本。車廂與飛機內艙相同有恆壓裝置，空氣自動循環。以太陽能為動力，利用磁浮原理，順著鋼纜軌道而上，以時速二千三百公里進入太空，只要七天即能登陸月球，每次可搭載十人，來一趟低成本的月球之旅。

登月科技電梯的成功，大大降低登月成本，可做太空探險用，也可以滿足普羅大眾的太空夢，將台灣打造成登陸月球的重鎮，可以吸引觀光客，增加台灣經濟發展，成為世界舉足輕重國家，世界強國必然爭相保護，省卻國防成本。

電梯是被人忽視的傳統產業，卻是摩天大樓關鍵的設備，利用台灣 AI 科技，也可以將電梯變得非常時尚。

鐵馬記行····

鐵馬環台
逐夢記行

耐力與毅力

經歷過半百歲月，已朝向六旬邁進的我，時常思索枯腸，想要抓取一些可以回味的往事，但在生命律動中，似乎沒有刻骨銘心的回憶。

人在每一個生命週期，回頭看總會發現好多想做的事情沒有做，好多夢想沒有實現，屆時責怪自己沒有盡心實現夢想。堅持夢想是一件「知易行難」的事，不要再說：

「等我小孩上大學後……」

「等我孩子結婚後……」

「等我退休後……」

無數的「等我……」等到眼已花耳已聾，雙手扶杖，瑪麗亞推著輪椅，才後悔還有許多夢想未進行。

明天與意外，何者先來，誰也無法預料，何不把握當下，將夢想逐一列出，排定完成日期，立即起而行。

我的生平，打從出娘胎起，成長、啟蒙、求學、結婚、生子、創業……感覺平淡無奇，沒有坎坷起伏的人生，也沒有賺人眼淚的悲慘情節。

半百以前只是循著生命軌跡前進，一切都是世俗SOP安排好了的行程。半百以後，我決定要跳出既定SOP，追求另一個人生。

出生在二次大戰後的嬰兒潮，是在貧瘠的鄉村，物質缺乏的年代；但憨厚知足的個性，並未倍覺辛酸，所以沒有鑿壁借光奮發圖強的衝勁，也沒有看見屋前小溪魚兒逆流而上，就有當個偉人濟世救民的計畫。

總之，發生在周遭許許多多的事情，有人童年的貧困，在人生輝煌騰達後，總是津津樂道當年的辛酸，順勢炫耀現在的成就。但我總覺得往日種種，是天地間自然界的循環，是生命軌跡必然過程，逆來順受的個性，並不覺得有何值得傲人之處。

金牛座的我，生性沉穩，動作緩慢，遇事反應慢好幾拍，行動永遠趕不上思緒，但有一股他人所缺乏的韌性，他人所缺乏的毅力；一生無橫財之命，是股票套牢族，進場總是下跌之際，所以幾十年來不敢再碰任何股票或基金，是理專不歡迎名單之一，認命的乖乖循規蹈矩，靠雙手一步一腳印打拚。

從小，雖不能說是體弱多病，但個子瘦小，運動項目從無勝出。小學一年級看著大人騎著鐵馬行東走西，悠然自得模樣好生羡慕，那個年代，家中的鐵馬如同現在的機車，是基本交通工具，尤其在窮鄉僻壤的家鄉更是不可缺少。

「鐵馬」是台灣話對自行車最貼切的名詞，國語稱其為「自行車」

或「腳踏車」，日本人稱為「自転車」，我覺得「腳踏車」最恰當，因為用「腳踏」這部車才會走，它不會自轉，也不會自行；「鐵馬」是台灣人對它的暱稱，符合意境。

在五〇年代以前是時尚交通工具，每年要到監理所繳牌照稅列管，也有車牌號碼，如同現在的機車，只是他不用繳燃料稅。騎車的人不用駕照，腳踏車前面規定要裝車燈，車尾塗紅漆，（當年石化工業尚處萌芽階段，沒有反光片），否則警察杯杯會吊扣車牌，順便連人帶車到派出所罰站。

古董鐵管車頭燈長橢圓形狀，又大又沈，發電機像小酒瓶，大都裝在後叉，裝在前叉的較少，瓶蓋處是會轉的小輪子，利用與車輪框與小輪子摩擦轉動，帶動瓶身內部小發電機內轉子發電，腳要踩得很快，小輪子轉速足夠，燈才會亮，踩慢了，發電量不足，只有昏黃光暈，在路燈不普及的年代，車頭燈是很管用的，否則夜晚會騎到水溝裡去。

小學四年級，我的個頭比坐墊高出不了多少，暑假的黃昏，瞞著父親，牽著那台父親向公司福利社分期付款買來的二十六吋鐵馬，跟著左鄰右舍的童伴，學起車來。但是巷弄亂石嶙峋，道路崎嶇不平，摔得傷痕纍纍在所難免，當年小孩筋骨強壯，富有吃苦耐摔的精神，摔過幾次後就能得心應手，駕馭自如，像大人一樣穿梭於巷弄之間。

由於人小「馬」大，坐在坐墊上兩隻短腳無法勾到腳踏板，只能採用「躦狗洞」騎法，來滿足騎乘的快感。

躦狗洞騎法是身體在車子左側，左手抓住左把手，右手扶著坐墊，右腳穿過三角架去踩右踏板，右腳用力踩踏板，左腳順勢往地上蹬，鐵馬就往前滑行，帶動腳踏板，左腳順勢收起踏上左踏板，如此左右左右踩踏起來，三、四年級生對此種騎法並不陌生

現在自行車種類繁多，小至牙牙學語的幼童用車，千金淑女優雅

小摺，至一台五十萬新台幣的都有，依身高設計，不需此種「落漆」騎法。

初中二年級暑假，父親特地請他開腳踏車店的朋友組裝一台給我上學代步，學校離家裡只有十來公里，卻得轉兩趟公車，學生月票一趟四角，二趟八角，一天來回一元六角，對月入不足千元的薪資家庭是很大負擔，有時為了省下四角的公車錢，另一趟較短的路程用走的，有了這部鐵馬可以免除擠公車、轉車、等車之苦，也節省上學時間。

自行組裝的腳踏車，當年俗稱「雜牌仔」拼裝車。車架是鐵管焊接而成，坐墊是堅硬的皮革，俗稱鐵管車，沒有變速器，有時還會掉鏈，用腳剎車。不像現在鋁合金或碳纖維車架，軟膠坐墊是基本配備，前有三盤齒輪，後有九盤，共二十七段變速，爬坡非常輕鬆。

雜牌仔拚裝鐵馬，家境好的同學是不屑一顧，對於收入普通的家庭是很寶貴的，它是我人生第一部車，我視之如寶馬，每天我將把手、車架、輪框等所有鐵件，擦拭得亮晶晶，星期假日更細心整理得看起來有油、摸起來沒有油，雖是雜牌拚裝車在我心中不亞於名牌車。無論颱風下雨，艷陽天，或凍得發抖的寒流來襲，我一定騎它去上學，絲毫不覺辛苦。

鐵管車坐墊堅硬粗糙，粗棉褲子很快就被磨破，初中的制服是藍色粗布，不是一般卡其色制服，很難買，要去指定布店才有。媽媽趁制服褲子尚未完全磨破前，在褲子的屁股位置，內襯麵粉袋剪下來的布，外補上一塊與褲子相同顏色的布，這樣可撐兩個月，兩個月後補丁磨破了再補上一片，屁股至少補上三層，這樣至少可撐一年。媽媽的手藝精湛，把縫線車得數個同心圓，遠看像張蜘蛛網，原理與現在車褲相同，材質卻是大不同，在物資缺乏年代，這是很寶貴的。

一部「練習曲」電影，帶動全民騎鐵馬風潮，大街小巷、淡水河邊，台北市郊河濱公園，大人小孩都可見鐵馬身影，昔日交通工具，變成時髦運動健身器材，鹹魚翻身，一台原只要價三千元，現在要萬元起跳，甚至有五十萬的高級車，超過一台別墅電梯的價格。

常見報章雜誌笑稱七年級生為草莓族，一般閒聊之間或多或少也有恨鐵不成鋼的感慨。其實草莓族並非七年級生專有，三十年前的青少年，同樣有叛逆期，都有逃避壓力的心態。當年的青少年有過多的煩惱，只能藏於心，不敢形於外。

只是五、六〇年代，保守封閉拘謹的社會，家庭小孩多，大人在為家庭生活打拚，鮮少人關注青少年身心健康問題，壓力產生時，青少年自體會產生一股與之抗衡氣流，將壓力消彌於無形。回想唸書時期，每遇期中期末考前夕，怕考不好的壓力，常讓我幻想希望明天台海突然發生大戰，學校宣布停止考試，這樣就不用考試。

騎腳踏車是很好的運動，也是消除壓力的工具，昔日青少年騎鐵管車來排除他們壓力的方法之一。無論在馬路奔馳，或是穿梭於巷弄之間，都是洩壓最好的運動。

現代的老年人，騎車是很好的健身器材，在河濱道路漫騎，或賣力騎上陽明山風櫃嘴；長程短程皆適宜。

騎車過程中，體力的消耗，能燃燒多餘脂肪，增加心肺功能，大量運動排出的汗水，能將皮膚深層污垢推擠到皮膚表層，比擦任何化學保養品數倍有效；補充進去的水份，可降低血液黏稠度，如同幫浦活塞，將黏附於血管壁的雜質，用力推向體外，宛如血管清道夫。

臨老入花叢！懷抱夢想起而行

乏人關懷四、五年級生有青少年的煩惱，沒有憂鬱症，只是有抗壓力，卻缺乏毅力。現在的我已接近六十耳順之年，離青少年的年代已經久遠。進入老年階段，忽然興起遠距離的鐵馬環島念頭，試圖挑戰自己的體力、毅力、耐力，是否還保有青少年時期的衝動。

為了測試自體的耐力與毅力，同時也為了一圓編織許久的單車環台夢，誠如招生簡章開宗明義第一句：「**人生有許多事，現在不做，以後也不會做了……**」雖然自覺訓練尚不足，趁著此次良機，接受蔡基成兄的「慫恿」斗膽報名參加彰化舉辦的「全國ＩＭＣ二〇〇九鐵馬環台趣」活動，為自己人生作註腳。

環島前密集自我訓練，讓我身體得到相當大的改善。

出發前，我到醫院做例行驗血檢查，當次檢查結果，也將做為一個月後，參加鐵馬環台之旅重要參考因素，這次的鐵馬環台是我夢寐以求的壯舉，將是我個生涯首次偉大的記錄。

因此抽血後一週，未等到醫生預約日期到來，立即前往掛號就診，醫生看到我嚇了一大跳，立即拿起聽筒要聽心音：

「今天哪裡不舒服，心臟哪裡不正常？」

「一個月後我要參加單車九天八夜的環台活動，不知身體狀況是否可以，所以急著看報告」我看著他吃驚的臉趕緊回答。

醫生翻翻病歷，又量血壓，冰冷的聽診貼上胸部聽心音，然後打開電腦詳閱檔案，看著驗血報告：

「驗血結果很好，全部正常，心臟強而有力。環島可以，騎車時不要超出體力，覺得不舒服就要立即休息」順便列印一張檢驗報告給我，我以為聽錯了數字，看著報告單，再次質疑：

「這是我的報告嗎？有沒有拿錯？」

單子檢驗數據全數是黑字，意謂著驗血數據全部在標準值內。我的總膽固醇曾經飆高到 380 mg/dl，好的膽固醇（高密度膽固醇）沒有高過標準值 40 mg/dl，壞的膽固醇（低密度膽固醇）從不低於標準值 160 mg/dl，這次竟然都過關，且總膽固醇在 180 mg/dl 而已；三酸甘油脂也一直是紅色，血脂肪更不用說。

這些不良紀錄有多年歷史，單用藥物治療也降不下，沒有想到才練騎幾個月就有如此驚人效果，運動對人體的效果，遠大於單純藥物治療，往後幾年追蹤檢查都有如此漂亮成績。

可見騎單車對我的健康幫助很大，騎車運動不一定要競速，依自己體力盡力騎，可以增加心肺功能，提高心臟強度，可以燃燒過多脂肪，降低三高指數，減少腹部游泳圈直徑，既然有醫生許可，我可放心去騎，分別於二〇〇九、二〇一〇年連續二年參加單車環島活動。

初始的喜悅

這幾天氣象報告這幾天將有鋒面通過，預計南台灣會有豪雨，降雨機率百分之七十以上。氣象局的準確率常有誤差，降雨區常在山區，對於這則新聞，我只是關心，倒不擔心。不過，你希望他不準時，卻偏偏很準。

鐵馬環台日子越來越近，心裡卻越來越沉重越擔心。是否會落後隊伍太多？是否能騎完全程？不能騎完全程對朋友如何交代？酷熱的天氣，體力是否能負荷？下雨時能否應付得來？是否會丟了台北人的臉？等等一連串的問題，凝聚在心中的擔心，隨著出發的日子愈來愈近，擔心愈來愈多，心情也愈來愈沉重。

不可以，絕對不可以在此時打退堂鼓，那樣做太丟臉了，這可是我夢想已久的鐵馬環台夢，現在正要去挑戰自我，追逐我的夢想，再怎麼困難我都要去完成。我不敢把我的擔心告訴佩樺，深怕她阻止我去圓夢，或旅程中一路擔心。

正式出發第一天清晨五點半，六月太陽就已高掛，東方已有金黃色曙光，沒錯確定是好天氣。既擔憂又興奮的起床，穿上昨日主辦單位贈送的「IMC環台車衣」套裝，車衣正前方印著彰化大佛圖騰，意味佛祖沿路保護我們平安。

我迫不及待趕緊去檢視捷安特公司為我準備的愛車，它可是要陪我完成環台夢的「老婆」，要善待也要愛護它。到了停車場，沒想到張大師早已背著心愛的相機在檢視他的愛車，原來他興奮的睡不著，清晨三點就起床了。

廣場上聚集環台勇士越來越多，家屬、工作人員、捷安特領騎等人員，把諾大的停車場擠滿了。事前密集的自我訓練，又看到這麼多人加油打氣，信心漸漸拾回。我將愛車換上精心挑選的坐墊，檢視一下把手、變速器、鏈條、輪胎，一切正常，試騎後也覺得蠻順手，應足以應付此趟旅程，我的心情漸趨安定。八點到，開始做暖身操，隨後轉往彰化縣政府舉行環台誓師大會。

主辦單位長官與彰化縣長先後上台致詞，不外乎勉勵、鼓勵與祝福，彰化縣府一級主管也列隊歡送，不到二十分鐘就結束，簡單隆重符合工商要求。隨後在啦啦隊祝福之下，及兩台警用機車開導，環台勇士及陪騎人員七十餘騎浩浩蕩蕩由彰化縣府廣場緩緩出發，場面頗為壯觀。

久旱的台灣，又過了端午節，氣候悶熱不在話下，攝氏三十四度的高溫好像要把人烤焦，心情也異常急燥，各地水庫缺水信息紛紛告急，若能降下甘霖，確實是讓人高興的事；但另一方面，人性的自私心態卻希望不要下雨，以免騎車時被淋得像落湯雞。

昨晚大夥兒私下議論紛紛未來幾天是否會下雨？大部分持悲觀態度；有人卻以戲謔口氣斷言：「一定不會下雨，因為要ＩＭＣ環台……」好像海龍王是由ＩＭＣ指派的，不管如何只能祈禱白天不要下雨。

在警察大哥開道下，車隊以二十公里時速緩慢前進，快到員林鎮界，一片烏雲迎面壓來，天地瞬間風雲變色，日月無光，斗大的雨珠毫不留情的迎面襲來，有序的車隊一齊衝入旁邊加油站，無油箱可加的鐵馬，像群螞蟻盤據在加油泵兩側，不是要加油，只是等待捷安特主控阿樂將雨衣發給我們。

中部人真是熱情，加油站老闆一點都不生氣，反而自動縮減加油車道，讓出空間讓大家避雨，穿雨衣換鞋子，老闆開闊的胸襟、熱情，讓長期居住在台北的我感到敬佩。

台北忙碌的生活步調，緊張節奏，壓力大到讓人喘不過氣，人與人之間鮮少互動，火柴盒式公寓房子，對門而居多年互不認識，遑論互串門子，各人為了生活，人情冷漠，狹小電梯車廂相逢，也吝惜點頭；為了停車位，可以大打出手，甚至拔刀相向互相控訴。相對於這位加油站老闆氣度，身為台北人的我，真是汗顏。所幸現在新大樓的使用規則，市政府規定要組織住戶委員會，定期開會，有足夠車位，爭奪車位情況不再發生。

雨勢稍歇，車隊繼續前進，警察大哥穿著雨衣繼續開道，陪騎的社友因為下雨相繼回去，剩下環台的人員，車隊來到西螺大橋。這是雲林縣與彰化縣的交界，彰化警察大哥完成他們的任務返回，群體向他們揮手道謝也道別。

記得在我小學課本上「西螺大橋」是重要的一課，忘記了課本的內容，只記得當年鋼衍架橋樑造型照片，深印腦海裏。

我出生在苗栗臨海小村，小學三年級結束那年暑假舉家遷北，大姑姑住彰化，二姑姑住田中，所以往來只有台北與田中之間，鮮少過田中以南，長大以後，有機會到南部出差或旅遊，大都坐火車或經高速公路。對西螺大橋的印象只有鐵灰色雄偉的鋼衍架橋樑，不知何時換成鮮紅色，在周遭綠色植物襯托下，更增其光彩。今日有緣騎著鐵馬行走於鮮紅色拱樑之中，彷彿置身時光機，穿越時光隧道，新奇又浪漫。

根據雲林縣觀光局記載，西螺大橋始建於日據時代昭和十二年（民國二十六年），中途因中日戰爭之珍珠港事件而停建，台灣光復後，四十二年一月正式通車。全長一千九百三十九公尺，橋面寬七點三二公尺，除汽車道外尚有台糖小火車道。當年還是遠東第一大橋，也是僅次於舊金山金門大橋的世界第二大橋；橋墩用鋼筋水泥為基樁，由日本人建造，鋼衍架材料由美國人提供，台灣人建造完工，是一個國際合作的實例，卻是因殘酷戰爭後，時代變遷下的產物。

西螺大橋通車後，為台灣南北交通帶來極大便利，也為台灣的經濟發展、人才交流，提供極大貢獻。西螺大橋現在已呈半退休狀態，雲林縣政府每年舉辦「西螺大橋觀光文化節」藉以緬懷過去的歲月。

（注：資料來自雲林縣官網）

於西螺有名的琴連碗糕用過午膳後，繼續南下，橫跨雲林與嘉義大林鄉石龜溪橋，赫然發現橋旁的稻田已收割完成，昨日南下時記得北部的稻田還是綠油油一遍，稻穗尚未抽芽呢。

台灣位處亞熱帶，北回歸線經過嘉義，面積只有三萬六千平方公里，台灣最北端的富貴角燈塔（第七天有造訪）到墾丁鵝鑾鼻燈塔（第三天到恆春未到墾丁）直線距離才三百八十二公里，氣候、農作物、人文卻有許多不同。

以氣候為例：冬天搭火車南下。台北出發之際，夾克大衣裏的緊緊的，經過台中就要開始脫衣，到達高雄大概只剩件襯衫即可。北上時，就要一件一件穿上去；

以稻作為例，台北稻米才準備要抽穗，嘉義已經收割，屏東已準備好第二期稻作插秧作業。南部一年三期稻作，其餘地區兩期稻作，台北第一期稻作收割約在農曆六月比中南部晚一個月。

天地給了台灣四季分明的氣候，孕育寶貴農業資源給了台灣子民，我們的祖先就是在這美麗寶島中成長茁壯，騎著鐵馬環台能更深一層認識台灣，是這一趟最大的收入，雖然才第一天，我覺得幸好有來環台，否則會是件遺憾的事。

第一天傍晚我們到達嘉義中信飯店，受到嘉義社的盛大歡迎，雖然是淋著大雨來，也感到很溫暖，嘉義社送給環台勇士每人每天一瓶「馬力夯」，它可是我們往後八天活力泉源之一。

騎陽的焠鍊　暴雨的考驗

第二天嘉義社車隊隊友十餘人，穿著他們色彩鮮豔的車衣沿著台一線陪騎，經過噴水雞肉飯、北回歸線紀念碑，後壁車站一路南下，到達奇美醫院柳營院區，台南縣社在此設立歡迎站，除了涼水飲料，還有西瓜，另外贈送十四顆西瓜，每天兩顆在後續日子享用，或許是太熱了，第六天我們就吃光了。嘉義社車友與台南縣社車友簡單寒喧後，返回嘉義，台南縣社車友繼續陪我們南下。

後壁車站前有噴水池，噴水池與車站中間有一隻石雕水牛趴臥在地上，旁有四位與真人大小相同站立的石雕。這是由顏蘭權先生導演的「無米樂」記錄片裡的男主角崑濱伯夫婦，無米樂得過二〇〇四年

• 嘉義後壁車站的無米樂石雕

國際紀錄片雙年展台灣獎首獎等五個獎。

崑濱伯在農業單位學習不用農藥與化學肥料，精心種植出有機「益全香米」於二〇〇六年榮獲全國冠軍米頭銜，打敗連續三屆冠軍的池上米。誠如他在無米樂片中所說的，種田對他來說，是一種修行，風吹、日曬、雨淋，甚至颱風來襲農人都無法抵抗的。但是農人對這塊土地的執著，是一般人難以理解的，他在得獎台說：種稻五十年，這次要感謝天公伯的配合，真的是「七分靠天公，三分靠打拚」。憨直的崑濱伯將這功勞一切歸功於天公伯，所以他將比賽冠軍米銷售的百萬元全數捐給無米樂基金會，希望提昇台灣農業水準。

原預訂在台南市享用台南小吃，途中又遇到

下雨，提前在善化農會休息，因已近午時，遂在這裡享用台南縣社準備的有名南部小吃：碗粿、肉羹，還有西瓜。我對碗裡裝著大白米做的粿，看起來白淡而無味，實在一點胃口都沒有，也沒有嚐試的慾望，所以五十幾年來從未吃過碗粿，今年初首嘗後迄今為止共吃了四次，麻豆阿蘭碗粿、西螺琴蓮碗粿，台南鄭記碗粿，都是赫赫有名碗粿店，每家精心選用上等食材配料，用心製作米粿，也加了各家精心調製的醬汁；但是到現在為止我還沒有喜歡上碗粿，也許是每次都吃得很匆忙，希望有一天能悠閒的品嚐，吃出碗粿的精華。

因為下雨的關係，大夥兒提前用餐，又有幾位隊友衝的太快，而失去聯繫，捷安特ㄚ樂開了小白去找回來，我們來到台南機場附近，比預定時間晚了兩個小時，台南社社長率鐵馬隊隊長與成員前來歡迎，也是因為下雨，熱心製作的歡迎牌，被雨淋得成一堆紙糊，有誠意我們就滿足了。

雨好像又要開始下了，趕緊上路希望在天黑之前，雨未下之前趕到高雄。兩隻腳踩的速度終究比不過天上飛的烏雲。剛進入高雄路竹鄉，雨就下下停停，昨天發的透氣雨衣穿在身上雖能避雨，透氣速度不及身體熱氣散發的速度，雨衣外有雨水是濕的，雨衣內有汗水也是濕的，下半身不能穿雨褲也是濕的，全身都是濕的，但是雨衣能保持身體的溫度，所以還是要穿。

從岡山到位於高雄七賢一路的福華飯店，雨越下越大，沒有停歇。斗大的雨滴，打到眼睛，眼睛睜不開，打在臉上，像被包著小石子的橡皮球打到一樣，隱隱作痛，老天爺像是要考驗我們環台的耐力與毅力，傾盆大雨豪不客氣的整池洩下，又夾著隆隆的雷聲。這氣勢滂沱的大雨，沒有嚇著環台勇士的環台意志，反而越騎越勇，越騎越快，表現出超強耐力，車隊穿梭在慢車道中與機車競速，奔馳在市街上，不畏怯。

將近有三十年歲月，不曾騎機車在大雨中疾馳，更遑論是騎著單車在雨中狂飆，這時我忽然有種莫名的感動，乾脆像個小頑童，放慢車速，浪漫的享受大雨澆淋的快感。忽而在急馳中，張開口，雨水滋潤乾枯口中，流經喉嚨，去清洗腸胃裡的污濁；仰起頭，盡情讓雨水沖洗被歲月刻劃在臉上的痕跡，被雜事糾纏的腦袋也一並清洗乾淨，好想脫下雨衣，脫下車衣，脫下身上所有東西，讓大雨徹徹底底洗滌我在塵世中浸染五十幾年的身軀。

進入高雄市區，雨還是越下越大，排水溝渲洩不及，慢車道、下水溝溢出約有八公分高的雨水，正值下班車潮，快車道塞滿車子，慢車道擠滿機車，馬路兩旁的大樓、路燈已點亮，好像歡迎我們到來，又好像嘲笑我們的癡情，這應該不是熱情南部人的待客之道，應該是「天公伯在開我們的玩笑啦！」不然，為甚麼我們到達福華飯店放好車子雨就停了？

迎向陽光 迎向海洋

第三天清晨，高雄是個晴朗的好天氣，我們的耐力與毅力已通過老天爺的考驗，天公伯仔的玩笑也已開過，接下來是體力的考驗。今天目的地是屏東四重溪溫泉，路程一百零二公里，一大早高雄社社長帶領鐵馬隊的成員過來慰問，昨天只想早點進飯店梳洗，無暇在半路接受他們的歡迎真是抱歉，今天他們也派出鐵馬隊隊員陪騎一段路。

昨晚用餐時，領隊為安全考量，特別要求所有隊員，務必遵守捷安特主控人員的指揮，不可超越領騎人員，以及交通安全……等之規定，確保環台期間人員之安全。捷安特主控再次強調車隊在市區行進中的基本規則：

1. 隊友絕對不可超越領騎，押騎一定會在最後一位隊友後面。
2. 當領騎舉起右手比出一根手指，表示用一路縱隊前進。
3. 比出兩根手指表示二路縱隊前進。
4. 左轉一律二段式左轉，右轉依紅綠燈指示。
5. 右轉時前面的隊友右手向右平申，紅燈時高舉左手五指併攏，通知後面隊友。

經過出發前的說明，今天大家井然有序，在領騎人員帶領下，迅速穿過高雄市區，沿八八號高雄潮州快速公路，往潮州挺進。後續七天大家也都遵守這些規則平安抵達終點。

位在潮州新生路圓環邊的冷熱冰，是名聞遐邇的潮州冰品小吃，來到潮州一定要去品嚐。

冷熱冰係用熱滾滾的芋頭塊、大湯圓內包花生、小湯圓（無包

‧冷熱冰製作

‧享用冷熱冰

餡）、糯米糕、紅豆等為主材料，當主材料由熱騰騰鍋裡撈出放在碗裡，立即用刨冰機加入高聳的傳統雪白刨冰，再淋上紅色糖漿，這就是一碗外冷內熱的「冷熱冰」。

據老闆說：「要吃冷熱冰的祕訣，是由碗旁邊的下面往上吃，切勿攪拌，因為裡面的配料是熱的，如果你攪拌，裡面的配料會冷掉，就會變的不好吃。」

在新生路圓環邊，一家招牌寫著「正老牌冷熱冰」，一家招牌寫著「正老店燒冷冰」，兩家各自標榜為正統，聽說以前是兄弟，現在互打對台。對饕客來說，哪家是正統不重要，重要的是「好吃」。

出了潮州鎮，又上了台一線的屏鵝公路，潮州到枋寮路段為筆直平坦的四線快速道，快車道的車子不時呼嘯而過，還好旁邊慢車道有十米寬，約與快車道同寬。

天氣熱到爆，柏油路面被炙熱的太陽曬得冒煙，但騎著鐵馬在寬敞的慢車道上面奔馳，開闊的視野，群山在前面招手，安全又有御風之感，身體也感覺涼快起來。

騎在高潮公路（高雄到潮州快速公路簡稱）與屏鵝公路差別在於：高潮公路係沿著高架快速公路橋下而行，或有上橋的路段，過橋後就立即下橋。沿路有高架道路陰影遮涼，右邊有綠色阿勃勒樹陪伴，景色翠綠明亮清爽，時而聞到陣陣花香，三不五時吹來一陣清風，騎起來清爽有勁。

但偶而也會聞到雞、鴨、牛糞夾雜的鄉土味道，氣味當然不好受，只要調整心情，去回憶兒時住在鄉下與雞鴨鵝共處景象，也能坦然面對，這種種情境是開車者無法享受到的。

中午在一家有大大龜苓膏招牌的東隆堂餐廳用餐，我們吃的是具有補中益氣的藥膳烏骨雞湯及藥膳麵線，由於是「食べ放題」（吃到飽），我灌了四碗湯一盤麵線，當然，基成大哥約是我的二倍，他常說：「能吃能睡能放是人生一大享受」，真令人羨慕。

自從開始練習鐵馬以來「如廁」一直很順暢，前天開始，忽然反常的「祕解」，體內囤積的廢物越來越多，不敢進貨太多。還好第四天早上就自然排解，否則九天下來，會多負擔好幾公斤，鐵馬不知要壓壞幾台。

午休後正要上路，安娜小姐又騎著鐵馬來會合，大家又難免與她照相聊天，贈送水果與她分享。安娜是英國來台灣唸書，會講中文，今年六月畢業，要返回英國前夕，單身騎著鐵馬由台北出發環台，安娜（這名子是我取的，我想英國女孩大都叫安娜、克麗絲汀之菜市仔名）二十四歲，皮膚白皙，長得高大甜美。

第一次是在後壁車站與我們相遇，一群老中青男人，圍著她問東問西，接著要求合照，畢竟美麗的姑娘人人都喜歡，有單獨合照，有三兩一起，也有一大票，安娜來者不拒，落落大方。因路線相同，善化農會也相遇一次，隊友也不吝的請她吃碗糕、水果……她知道IMC都是善良的叔叔伯伯，很放心的享用，小白（後勤維修車）也會幫她無償調修車子。到四重溪溫泉之前，只要看到IMC環台車隊在休息，她都會停下來休息。我們做了一次良好的國民外交，安娜這輩子大概都不會忘記離開台灣前的這段美好際遇。

沿著屏鵝公路經過楓港到達台一線四六一點六公里終點，接二十六號公路（海口路）繼續往四重溪溫泉前進，途中在路邊咖啡吧聚集的觀海景點休息約三十分鐘，及海口港集結休息，再轉入一九九號公路到達四重溪溫泉區之南台灣大飯店住宿。

到達飯店放下腳踏車，收操完畢後，才開始下小雨，今天是佛祖灑下幾滴甘露水，為我們加持，順便為明天艱鉅的行程增加能量。

「楓港」昔日是以烤伯勞鳥惡名揚名國際的景點，它只是屏東縣枋山鄉的一個小村，南迴公路台東與墾丁分岔點，往來的車輛都會在此停靠休息，車水馬龍好不熱鬧。

恆春是來自北國伯勞鳥每年過境之地，也是伯勞鳥魂歸之處。多年來經過愛鳥人士的努力，及政府加強取締，逮捕違法補鳥者，重罰燒烤伯勞鳥小販，此地現已不再烤伯勞鳥，改烤魷魚或乳鴿，惡名漸除，此地也因休憩點增加，盛況不再。其實由楓港開始的恆春半島有很美的海岸線，有南洋風味的沙灘卻被忽視了，跟四季如夏的墾丁比鄰而居。

挑戰極限 挑戰自我

第四天清晨，亮麗的南台灣，空氣清新視野遼闊，隊友們臉上泛著淡淡憂愁，不同前三天的喜悅。因今天要挑戰壽卡，到達台東知本溫泉全程一百零五公里，距離不是主因，卻因路況是最艱難的一天。

壽卡標高四百六十五公尺，是南迴公路最高點為屏東與台東交界處，一九九號道路是往車城的起點與南迴公路成丁字相接，原為警察的交通檢查哨，不知何時撤走，變成廢屋，車友攻上此地必簽名留念，外牆斑駁雜亂不勘，後經屏東縣政府整修成「壽卡鐵馬驛站」於二〇〇九年四月十一日啟用，係單車客必攻之據點。往壽卡的路是長程上升坡，騎乘艱難早有所聞，是環台的撞牆期。但既然來到山腳下，

環台者最歡樂的時刻

也不能退縮，否則徒留笑柄。

基成大哥昨晚說他在台北已騎上風櫃嘴接受嚴苛鍛鍊，所以他「老神在在」不怕今天的挑戰。我因工作時間關係沒有上去過，只騎過三次石門水庫及一次金山來回長途訓練，雖然有上坡下坡，但沒有像壽卡這樣長急升坡，非常擔心會半途落馬牽車而行，這樣就很丟臉了。

晚飯後，趕緊到南台灣大飯店附設溫泉浴場泡湯做SPA，想將這三天累積在大腿的乳酸去除，泡了一個小時，雖有改善還是無法完全消除大腿的痠痛，對於明天的路程，內心更加沉重，看來睡前還要用 tokuyo 健康按摩椅加強腿部按摩才可。

回到飯店住宿樓層，通道上瀰漫一股濃濃去除酸痛的膏藥味，有撒隆帕斯、肌樂、熱力、萬金油……味道混雜著。我不禁啞然失笑，原來懼怕明天路程的人，不止我一人，隊友們表面不在乎，心裡還是很在意，看來我並不孤單。

由飯店至壽卡沿一九九號公路，順著牡丹溪繞著牡丹山而上，跨越牡丹鄉與獅子鄉，途中景點有石門古戰場、牡丹社事件紀念公園、牡丹水庫、牡丹鄉公所、美麗的牡丹國校、牡丹社區等全長三十三公里，沿途上升坡比下降坡多。

隊伍可能會拖很長，為了不給大家壓力，捷安特主控丫樂說：「今天沒有領騎，依個人速度騎乘，不設定到達壽卡時間，押騎還是有，小白在最後面……」

我與基成大哥兩騎，偶而並轡而行，有時一前一後；遇到急升坡，變換低速檔向上緩緩行進，下坡時，立即變換高速檔享受短暫的奔馳快感。遇到紀念景點，停下來照張相，看到美景，放慢車速好好欣賞，讓心靈沉澱；或選定幽美背景，呼叫前後隊友一起來拍張合照，緩和一下緊繃的心情。

畢竟一生當中，有這個機會共同騎乘在這條人煙罕至幽靜的鄉村道路上機會並不多，也許就只有這一次，何必匆匆行過。數位相機儲存量大不怕沒底片，努力的拍回去好回憶，無法拍到的景色，就用雙眼努力攝入記憶裡。

縣一九九號公路是屬於鄉村二線車道，道路兩旁有稻田，有果園，也有林木，盛開的白色月桃花，淡淡香氣在空氣中散開，清新景色，宛如人間仙境，人車稀少，騎乘起來非常舒適，樹上知了與蛙兒們合奏田園交響曲歡迎我們。

離壽卡剩下七公里處，我與基成大哥的手機先後響起簡訊的信號，

有紀律的車隊

一九九縣道的月桃花

原來是「咪吽咪桑」（邵義勝前社長）傳來的，雖然短短四個字「加油加油！」這個鼓勵有如及時雨，來的正是時候，喝口水，提振起精神，再次跨上鐵馬時，感覺輕踩許多。

隱約聽到熟悉的「勇敢小飛俠」歌聲，這招牌歌曲是ㄚ樂的據點，但騎了很久還沒有看到人影，也沒有下坡路段來舒緩疲勞，似乎是以「之」字型在爬山，瞄一眼碼錶，已經騎了三十一公里尚有二公里，這時氣喘如牛，與基成大哥不時相互加油打氣，一步一步穩定向前踩踏。剩下三百公尺、一百公尺、五十、三十……終於我看到了壽卡鐵馬驛站。

先到的隊友在終點鼓掌歡迎我們，我忍不住歡呼起來：「壽卡我到了！」顧不得氣還在喘，汗還在滴，趕緊把這消息告知這幾天來一路關心我的朋友與佩樺，真的是很高興，我又為自己人生寫下一頁紀錄。

興奮的心情映在每個人臉上，與早上出發前完全不同，每個人拋下心中隱憂，以「壽卡鐵馬驛站」招牌為背景，獨照、合照、大團體、小團體照好不熱鬧……台南縣社（現改為南瀛社）創社長謝醫師拿出隆克斯風吹奏兩曲台灣民謠饗宴隊友，掀起歡樂高潮，謝醫師要與大家道別了，因為他要趕回醫院服務病患。多才多藝的謝醫師是鐵馬愛好者，第八天晚他又來新竹與大家會合，共騎最後一天，做個完美結局。

再高興再興奮也要下山，下坡是車友們的最愛，何況在高山上往下飆一定很夠隱，經驗老到的ㄚ樂看出大家心思，在關鍵時刻又跟大家約法三章，且一定要嚴格遵守：

1. 下山時，前面的人出發後，相隔一百公尺第二個人才可出發。
2. 下山路段，決不可超車。
3. 時速保持在三五公里內。

出發後才知道，下山路段的坡度，比上山還大，還好剛剛不是從這裡上山。幾乎不用灰飛之力，向下俯衝，暢快萬分，好個Ｙ樂算準我們一定要超速，故意把慢騎的隊友夾雜在中間，將速度壓在三十公里內，當然高素質的ＩＭＣ人絕對會遵守約定，不會超車的；一路往下狂飆十一公里到達台東大武海岸邊，從台灣海峽到太平洋只花十幾分鐘，真是痛快。

第一次如此近距離接觸太平洋，馳騁在南迴公路海岸線上，碧藍的海洋，湛藍的天空，朵朵白雲漂浮，心靈頓受極大衝擊，多久沒有欣賞到這樣悠閒景緻。

雲朵它一直在那裡，天空也沒有改變它的顏色，蘊育豐富資源的海洋它已躺在那裡千萬年，變化的是我一顆忙碌的塵心，受利慾薰染疲憊身軀。原來台灣東部是如此優美，在金黃色陽光照射下，更顯得脫俗，此行應藉由此景沉澱一下心靈。

左邊山腰，忽然從山洞一列火車急駛出來，一股親切溫馨暖流通過全身；民國八十年末，屏東枋寮到台東南迴鐵路通車，將台灣全島的鐵路串聯起來，南迴鐵路全線的號誌機器材全由我公司承製，因品質優良交貨準時，博得台灣鐵路局全省各分段號誌工程單位的極高評價，後續之松山至板橋鐵路地下化號誌機器材都由我公司標製，台灣鐵路線短，市場需求量少，不符成本，又加上新開發的無機房電梯推出後市場反應極佳，產量持續增加，遂放棄鐵路號誌器材業務，專注無機房電梯業務。

午後艷陽高照，繼續朝負有盛名的知本溫泉出發，途中會經過二處山丘，標高百公尺不到，Ｙ樂輕鬆的說：「好像在平坦的道路，放上兩顆石頭，但要有耐心」語帶玄機。

有人低語：經過壽卡的考驗，這算什麼；

也有人誇口：艱難的壽卡不過如此，免驚小事一樁……

對啊！有甚麼大驚小怪的，離今晚的落腳處只剩四十幾公里而已，我心附和著。

有些事真的「不是笨的人想像的那麼簡單」。

平坦的道路很快騎過，緩升坡、彎路漸多，午休完畢的砂石車、大卡車，陸續駛上公路，低沉的引擎怒吼聲，一陣陣逼來，嚴重威脅著心理，破壞騎乘情緒。

第一個山坡開始了，坡度漸漸加大，坡長延伸到遙遠的一端，伸長脖子還望不到盡頭，「沒關係馬上就到了」低聲鼓勵自己，使勁踩踏著愛車，六、七公里後過了第一顆「石頭」，接著享受下坡的御風快感。

快樂的時光總是過的比較快；登上第二顆「石頭」的斜坡很快出現在眼前，看著那蜿蜒的陡坡，心就涼了一半，我的媽呀！比前一顆

「石頭」還大，坡長雖不及前一顆，但坡度卻陡得多。

倘徉在藍天碧海的心趕緊收回，學習聖嚴法師爬階梯的精神，眼睛專注方尺之前，內心放在腳踏之處，不疾不徐，以探索之心向上行進，只覺得片刻之間又躍過一顆「石頭」，再次享受下坡乘風奔馳樂趣，至此我終於明白ㄚ樂不一次講清楚的原因。

雖還有十幾公里的路程，但是對於受過嚴苛考驗的勇士，實在微不足道。到達知本的溫泉飯店時將近黃昏，今天的行程是這趟環台最艱難的一段，晚餐後，泡在溫泉裡慢慢回味今日過程，享受著苦盡甘來的樂趣，對於明日，及未來的行程，充滿了信心。

陽光、空氣、白雲、黃金穗浪

第五天從台東知本出發到花蓮瑞穗全長一百二十三公里，是騎乘路程最長的，也是風景最漂亮的一段。從台東到花蓮有兩條主要路線，一條走台一一線，經台東市區、成功、長濱、豐濱的濱海公路，可欣賞青山碧海，要翻過一座讓你騎得氣喘如牛的牛山。

一條走台九線，經鹿野、關山、池上、富里、玉里、瑞穗、壽豐的花東縱谷，我們選擇花東縱谷，沿途有陽光、空氣、白雲、黃金穗浪。

二〇〇八年末受美國拖累，全球經濟遭遇金融海嘯狂襲，報紙電視等各媒體每天打開來，都是銀行倒閉、公司歇業、裁員……等等觸目、聳動負面消息，我公司也無法倖免，訂單忽然銳減，員工面臨週休三日之危機，心情煩悶，每日作困愁城，遂有逃避塵囂，到睽偉已久的東部散心的念頭。

十二月初的某一週末與佩樺由台北開車，走雪隧經蘇花公路到達花蓮，順著花東縱谷抵達初鹿牧場。想藉著驚險刺激的蘇花公路，拋去煩惱，本想欣賞花東縱谷的美，忘卻心中的憂，未料卻是烏雲罩頂，北風狂嘯陰霾濕冷的天氣，內心的憂愁更是加劇，花東清新空氣，卻抵不過凜冽的北風，舊愁加新愁，終究無法解決內心煩憂，遂匆匆收拾行囊返回台北，面對現實。

經過公司全員的努力，農曆春節過後，被暫停的訂單陸續復工，新訂單漸漸增加，把工作放心的交給建坊弟，繁忙公事暫擱一旁，安心追逐環台夢想。今天重遊花東縱谷，心情開朗不在話下，多一份親切，也多一份新奇。

有「小富士」之稱的花東，天是藍的，藍的潔淨無瑕，陽光灑滿谷地，無私的照耀，筆直的公路兩旁，矗立著翠綠樟樹，白雲，像棉絮輕倚在山脊，漂浮在藍天，那麼悠閒自在、時而微笑的向我招手，默默的陪我共騎，偶或遮住陽光給我些許涼快。快速稀少的車輛不構成威脅，兩腳忘情輪流踩踏，上衣早被汗水浸濕，心中卻異常清爽，想起一句諺語：「吃苦不苦」，我們現在不就在此情境中嗎？

花東縱谷幹道上農田居多，住家稀少，廣大農田主要種植水稻，年收二期，冬季休耕期間改種蔬菜，近幾年流行栽種油菜花、向日葵或波斯菊，一方面讓蕭瑟冬季，開滿五彩繽紛的花朵，在阡陌之間增添熱鬧。一方面在春耕前，將這些植物的綠莖掩埋在稻田裡，給土地添加有機綠肥，才能種植出優良稻米。

有名的池上米、富里米、關山米……皆出產於花東縱谷，WTO規定要開放稻米進口，國內自家產的米，在農民以科學方式精心栽培下，價格雖高，但還是受到國人熱烈喜愛。

想起四十年前學校農業概論老師告訴我們，繼三七五減租後政府的政策是「以農業輔助工業，以工業發展農業」，今天我們看到政府提倡精緻農業，提高農產品附加價值，解決農民生活，也孕育許多農業人才，正是達到「以工業發展農業」的政策。

現在正值收割期，飽滿的稻穗，映在朝陽下，露珠發出耀眼光芒；日正當中，像成熟穩重的男子漢，謙虛的接受大地的教誨；夕陽下，金黃色的稻穗，隨著晚風，翻來覆去的稻浪，彩繪一副「夕浪騰飛圖」。

農家遠離道路兩旁，看不到一家便利商店，人民保姆的警察派出所在門口掛著「鐵馬休息站」的招牌，除供給飲水也提供廁所外，也給背包客過夜，是鐵馬同好最佳庇護場所。

傍晚，六點半終於抵達座落在花蓮瑞穗鄉原野中的原鄉溫泉民宿，當晚在星空下享受一頓豐富原住民料理，飯後浸泡在溫泉裡，卸除一天的疲憊，早早進入夢鄉，準備應付明早一場硬仗。

蘭陽火車之旅

第六天提早三十分鐘起床，六點不到隊友們都在廣場，檢查愛車的輪胎、煞車、變速器，水壺裝滿水，再來一瓶馬力夯補充體力，蕭小妹也來報到，做完暖身操，七點半準時出發，早上要在十一點半前趕到花蓮火車站，全長七十二公里，然後搭三個小時火車到八堵車站，再騎到基隆長榮桂冠酒店。早上行程非常緊湊，到達花蓮後就輕鬆了。

經過一夜休息，出發後覺得輕鬆許多，晨曦薄霧、微風輕拂、清涼空氣，平坦的道路，騎起來格外舒適，一路以三十公里的時速，只用四十三分鐘就到達二十五公里外的第一個休息點。稍事休息，再趕往三十公里外的兆豐農場入口第二休息點，溫馴朝陽已變成毒辣艷陽，攝氏三十五度的高溫只能仰賴樹梢微風帶來些許涼意，上下起伏的公路，加上紅綠燈，迫使鐵馬無法瀟灑快意奔馳。抵達花蓮火車站剛好趕上火車。

蕭小妹是彰化社頭鄉人，過幾天才滿十八歲，今年高中畢業剛推甄上大學，隻身帶著行囊與新台幣三千元，懷著夢想騎鐵馬環遊台灣，第一天從彰化社頭家中出發，第三天在八八公路上相遇，他鄉遇故知，從此一路跟隨返回彰化，再單騎回社頭家中。

除了宿與膳不在一起，旅途中加水贈送水果調整車況樣樣俱全，捷安特做足了公關，安娜有的待遇蕭小妹一樣不缺。由於有國術底子，蕭小妹腿力強勁，速度不差，不覺累贅，反而對她照顧有加，第八天到達新竹正好是她的生日，幾個年輕人在晚飯後還買了蛋糕替小妹慶生。

現代青少年不是窩在家中看電視、打電動，就是迷戀網咖、飆車……不一而足，像小妹這樣頂著艷陽，不畏風雨，靠著堅強毅力去完成夢想的青年真是彌足珍貴。

經過一個上午的拚鬥，一行人都累翻了，上了車，三兩口叭完便當，在車內冷氣催眠下，個個迅速進入夢鄉。由花蓮開出的普通車，旅客本就不多又非假日，一列車廂裝四十七部腳踏車，隊友們則散列在二個車廂，或坐或臥或躺；拿著手機與「阿哪達」（嬌妻）輕聲細語者有，沉思者有，垂釣狀者有，呼嚕聲時而傳來……姿態百出，放鬆一下心情，享受難得的火車之旅。

三個小時的火車之旅，可以慢慢調適一下心情。吃飽睡飽後，悠閒的欣賞窗外蘭陽優美的海岸風光，想起「丟丟銅」這首膾炙人口的民謠，描述火車奔馳在蘭陽平原美麗畫面，出外到台北打拚的辛勞，一幕幕在眼前浮現。

睡飽後，共同經過六天風雨艷陽考驗的夥伴們，這時已建立出革

．鐵馬上火車

．難得有此休閒時光

命感情，在這難得相處時光，大夥兒輕鬆談天說笑，隨意哼著輕快歌曲。途中，由廖老師帶領大家練習合唱「IMC鐵馬隊」及「IMC騎著一部單車」二首歌曲，以便在最後一天慶功宴上獻唱。

廖清坤先生係台中社的社友，唱歌是他的興趣也是職業，第四天投宿在台東知本的溫泉大飯店，當晚坐在馬桶上「方便」時，有感於此次鐵馬環台隊員偉大的之舉，突發奇想創作了二首歌，並獲得黃社長的同意，隔天立即印製歌詞發給每位隊友練唱。

「IMC鐵馬隊」是以膾炙人口的台語老歌「內山姑娘要出嫁」曲調，「IMC騎著一部單車」是用一首國語老歌「我騎著一部單車」之曲調旋律輕快又符合意境，大家很快就琅琅上口。

火車在下午四點抵達八堵車站，這個屬於基隆的小車站，是東部幹線與西部幹線之分岔點，平時並不惹人注意，今天小小候車室擠滿了來歡迎環島勇士的人群，基隆社張果真社長偕同聯合會李枝福前理事長率領基隆社社友四十餘人前來迎接我們，他們在車站外準備許多基隆小吃，有甜不辣、肉羹湯、石花凍、各種水果及清涼冰鎮飲料，以迎接凱旋戰士的規格迎接我們，讓我們受寵若驚難以接受。

經過幾天的奮鬥，來到西部岸線，有回家感覺的基隆三位戰友與奮異常，年逾花甲的昌哥老當益壯，總是跟在領騎後面，看到久別嬌妻，緊緊的擁抱著，在眾人鼓譟下熱吻起來，還體諒有人相機準備不及或角度不佳NG三次，昌哥真是卯死了。

八堵車站前廣場雖狹小，歡迎氣氛異常熱情，足足慶祝一個小時，才啟程前往基隆柯達飯店，雖只有短短五公里，但正值下班時間怕車水馬龍，機車亂竄，幸賴警察機車前導與指揮交通，車隊成一路縱隊前進，井然有序看了真讓人佩服。

基隆廟口夜市小吃，名聞遐邇，鼎邊趖、花枝羹、大麵炒、炭燒柯仔煎、咖喱軟殼蟹……任何一項小吃都讓你垂涎三尺，柯達飯店距離基隆廟口夜市走路只有五分鐘，主辦單位今晚特地不準備晚餐，讓大夥兒去享受夜市美食。

基隆港正停有兩艘超大郵輪進港停泊，千位來自國外觀光客，將原本人山人海的基隆廟口擠得水泄不通，我們幾位由在地人帶領下，品嚐了鼎邊趖與奶油軟殼蟹配上冰涼啤酒，人實在太多了，每家店前都排長龍，有的隊伍甚至迴旋，吃一攤小吃都要等半小時以上，最後買杯泡泡冰當飯後甜點，就回飯店早早休息，儲存實力。

另記

寫完好山好水屏東與台東，意猶未盡想要再加些報導，沒想到投稿之前遇上莫拉克颱風帶來的惡水，良田美景一夕之間變色，數百家園被毀，真是令人心酸，在此對那些受難家庭，致上最大慰問之意，對那些罹難同胞，致上最大哀悼之意。

回家的感覺真好

第七天清晨起來，昨晚停泊在基隆碼頭的二艘大郵輪已起錨，駛向下一個港灣，碼頭邊看起來非常寬廣寂靜。昨晚在基隆廟口前享受美食的觀光客是否還在回味甜不辣的香Q，奶油螃蟹的美味是否還餘留在老外的齒頰？

基隆市東西南三面環山，與台北為鄰，北面為深海港，為台灣最早的國際港。可惜腹地狹小，與新北地區有群山阻隔，雖有中山高與北二高兩條高速公路與一條鐵路對外聯絡，交通仍屬不便，因此港都受地形限制發展不易，否則除了貨櫃運輸外，還可開發成為海洋國際觀光港，吸引國際觀光客，進而幫助周邊鄉鎮發展。

・台北隊清爽隊服

七點一刻搭電梯到餐廳用早餐，只見隊友們三三兩兩散佈在餐廳悠閒的用餐。今天的路程是最短，沿著東北海岸線到淡水中信飯店只有六十五公里，若以平時的速度，再經過六天魔鬼訓練，只需三個小時就到了。但我們今晚住宿台北淡水，要等台北的家人來歡迎，硬要拖到下午四點半以後才能進房，與昨天趕火車的速度比起來有天壤之別，難怪大家會這麼悠閒。

八點左右基隆市多位長官來到柯達飯店致意，內容不外乎一些祝福、鼓勵的話，隨後在警察大哥的機車引領下成二路縱隊沿著客運碼頭，繞過基隆車站前圓環，上了忠二路高架橋。原以為下了橋後即一路順暢到野柳，沒想到下橋後就遇到安一路的急升坡。

初始，隊友們一方面輕敵，另一方面又尚未完全熱身，毫無心理準備。是此行最大的震撼教育，突遇陡坡大家都措手不及，轉動變速器的聲音此起彼落好不熱鬧，還好經過六天的歷練，心理很快就武裝起來，面對艱難的挑戰，七天來我第一次把檔位降到最低，還氣喘吁吁地騎上頂點，有位隊友因瞬間踩踏力道過猛將後車軸拉斷。

地質受長時間海蝕風化和地殼變動的影響，形成許多洞溝、蜂窩石、燭狀石、蕈狀岩、溶蝕盤等特殊的地質景觀，其中以女王頭最為有名的野柳風景區，十幾年前基隆市政府為拓展觀光，將野柳與海洋公園開發成最受歡迎的景點之一，外地遊客必遊玩之地。本以為會在野柳風景區休息，並觀賞這些睽違約三十年特殊景觀的石頭天然造型，時間雖有餘，可惜行程並未安排，只是路過未停歇，在園區外遙望而已。

熱情的基隆社沿路護送，岔路口派員指揮，使大家不致走錯路。他們又在金山路旁提供冰涼飲料與點心。早上鼓脹的肚子尚未消化，實在不宜再裝下東西，但美食當前盛情又難卻，於是又吃下許多不同的基隆小吃，也裝進基隆人滿滿的關懷與祝福，才依依不捨的跨上鐵馬往下一段旅程出發。

沿著海岸線前進，不到十一點抵達富基漁港，這是我們中午打尖用餐之處，距離實在是太短了，離用餐時間還早，老闆的鍋鏟都還吊在牆壁上，冷氣還未開，早上吃的美食都還未消化；但依照行程也不能繼續往前行，為了躲避外頭毒辣的太陽，只好擠進狹小餐廳，吹冷氣喝茶聊天打發時間，看著手忙腳亂的老闆忙進忙出。

好不容易等到十二點，老闆端出每一道佳餚，盤小量少立即被秒殺，與在東部的餐廳不能相比，老闆該不會把冷氣的成本都算進去吧？還是捷安特給的餐費太少？

為了殺時間，午休到二點半才步出涼爽的餐廳，走路去看台灣最北端的富貴角燈塔。

富貴角燈塔位在台灣最北端的富貴角海岬，內有富基漁港。一八九五年日本人在登陸台灣之後，為了建設日本與台灣兩地之間的海底電纜及航路標識，隔年就在台灣的最北端，興建了日本人據台後建設的第一座燈塔——富貴角燈塔。

富基漁港原是一座小漁村，一九九五年台北縣金山區漁會在此成立了「富基魚貨直銷中心」，規劃各式魚產就近陳列展售，因為臨近港口且可以直接選購物美價廉的海鮮，使得富基漁港聲名遠播，躍升成為行經北海岸石門地區不可錯過的美食觀光景點。

好景不常，富基漁港因物美價廉遊客趨之若鶩，也因為遊客太多，不良商家藉機哄抬價格，或巧立名目多加費用，而坑殺饕客，致使遊客銳減，一蹶不振。台灣許多觀光景點都有此惡習，少數不良商家不懂薄利多銷，要短期致富，本來門庭若市，因為坑殺遊客，惡名昭彰，最後門可羅雀。我覺得風景區，除了商家要自制外，政府也要時時介入輔導，保護消費者，使得每次出遊都能興高采烈而歸，不因當了冤大頭，滿肚子怨氣回家。

遊完富貴角燈塔，車隊來到白沙灣海水浴場。這裡是此行離海岸線最近的公路，離預定到達的時間實在是太早，於是在海水浴場邊，挑一間視野佳的咖啡屋喝杯香醇咖啡，欣賞北海岸美麗風光。

輕躺在舒適的海灘椅上，輕輕的啜飲一口芬芳咖啡，享受著海洋飄來的涼風，沙灘上嬉戲的男女，斷續傳來歡樂笑聲，欣賞比基尼妙齡女郎在沙灘奔跑，遠眺廣闊的海洋，舉目望著天空，有如觸電般的驚醒，原來台北也有藍天碧海。

平常我們都會注意遠地的事物，卻常常忽略周遭的美好事物。

民間流傳著一個真實的故事，其實這個故事一直在社會重複的上演，有一天也許會發生在你我身上。

有一位老先生住在鄉下，他有三個兒子都已成家。老大與老二住在不同城市，偶而才回鄉下探望老爹一次，每次回去都帶著妻兒同行，虛寒問暖備感溫馨，小孫子也是阿公長阿公短的非常親熱，閒聊時老爹每次都會跟兒子抱怨三媳婦的不是，譬如早餐稀飯太稀，晚餐開飯不定時……等日常瑣碎雜事，當然，大兒子或二兒子也會婉轉的告訴三弟媳老爹的抱怨，請她改善。

老爹常告訴鄉里親友，大兒子二兒子如何孝順，小孫子如何乖巧；老爹偶而也會到大兒子二兒子家住幾天，回來後，除了不習慣城市像鳥籠般的公寓外，直誇兒子媳婦如何孝順……孝順的三媳婦也受過教育，明瞭事理盡量改進以迎合公婆，希望博得公婆的讚賞，她的小孩也能受到阿公青睞，同時鄉下親朋鄰里婚喪喜慶人情世故，都由孝順三媳婦張羅打理，頗得鄉親的好評。二十五年過去了，老爹確實感受的三媳婦的孝心，但出門在外的兒媳回來，或與鄰里老友閒聊，仍不免會報怨三媳婦的不是，三媳婦也多少會被數落幾句。

學校放暑假的某一天，趁著大兒子與二兒子兩家都回來看老爹時，三媳婦很有智慧，心平氣和的告訴他們：「我的兒子今年大學畢業，女兒也考上台北的大學，丫爸平常嫌我不好，所以學校開學後我要搬到台北住照顧兒子與女兒，大伯與二伯您們回來輪流照顧丫爸……」

這一番話如同哆啦ㄟ夢的時光機，把大媳婦與二媳婦頓時定住了；平常他們回來，像作客一樣穿著休閒，一派輕鬆，陪著老爹喝茶聊天，左鄰右舍串門子，三弟媳獨自在廚房忙裡忙外沒人幫忙。

三弟若全家搬到台北住，今後他們每年要輪流回來鄉下住四個月，城市與鄉下生活習慣不同，來往交通不便，自己兒女也還有在唸書的將來如何照顧，請老爹到城裡住，家裡房間不夠也不方便……等等一大堆搪塞理由頓時浮上檯面，而老爹越老個性越固執，越難照顧，這下如何是好？

老爹本人也擔心，他想：三媳婦雖有一些不好，但都是芝麻小事，平時也很孝順，生活了二十幾年習性也融恰，換了大媳婦二媳婦是否也會如此孝順？習性是否融洽？何況她們在城市生活慣了，是否習慣鄉下的生活方式？城裡像鳥籠的公寓，橫衝直撞的汽機車，左鄰右舍都是陌生臉孔，我也住不慣……

故事結局不是重點，台灣話有句諺語：「近廟欺神」，我們也常聽到「遠到的和尚會唸經」，對於身邊的人與事最會報怨。

天天生活在一起的夫妻，丈夫半夜歸來，太太睡眼惺忪真心關心的問一句：「今天怎麼加班這麼晚？」先生剛剛在辦公室的怒氣可能一股腦都發到妻子的身上，妻子若回幾句，一場家庭風暴可能就爆發了。

多年未見的老同學，帶來一盒雞精，就說他如何關心您，感激萬分。老婆天天打精力湯給你喝，你嫌她管太多。我們與家人生活的社會課都不及格，應該沉澱一下心情，調整EQ好好重修。

品嚐完咖啡，揮別白沙灣海水浴場，直奔淡水線捷運紅樹林站，這段有上下起伏的公路騎來雖然辛苦，但不至於威脅到體力，過了三芝在埤島里分岔路改走登輝大道，那是長下坡路段，是車友的最愛，因為一路向下滑行直到紅樹林捷運車站，沒有長陡坡路段。在紅樹林站集結、做操，再悠閒的走過馬路，到達下榻的飯店。

當車隊剛抵達飯店隔鄰的大樓，台北社的弟兄點燃歡迎環台勇士的煙火，乒乓價響的火花，將整個歡迎環台勇士熱鬧氣氛瞬間爆炸開來，濃濃煙霧，五彩繽紛的彩帶在空中飛舞，勇士們興奮的牽著各自愛車，成一路縱隊魚貫走進飯店的廣場，數十人夾道鼓掌歡迎，並一一接受代表熱情的玫瑰花獻禮。

當濃濃煙霧逐漸散去時，歡迎人群中驚見佩樺捧著一大束鮮花，在眾人簇擁下嬌羞的獻給我這最心愛的勇士，是我最大的驚喜，也是

．紅樹林捷運站集結

最大的鼓勵，輕輕的一個擁抱我們心靈已通，相互關懷之情，眾兄弟姐妹們的蒞臨，已讓有乾眼症的我濕潤了眼框。

台北社的另外四位隊友也都得到一大把鮮花，社友們輪流與您合照，以羨慕的口吻關懷，真的把我們五位當作凱旋歸來的勇士，讓我受寵若驚。尤其是菁徽這位唯一女勇士，更讓全體人員敬佩。晚上，在飯店隔壁的大排檔餐廳，台北的歡迎晚宴上，啤酒無限暢飲，政府規定酒後不准開車，自行車也是車，屬於禁止範圍，今晚已無行程，大家喝的嗨翻天，飯後還招待隊友逛淡水老街。

「啊！回到家的感覺真好！」我不禁歡呼著。

驚見淡水八景——煙雨歸帆

第八天被耀眼陽光喚醒，剩下兩天路程，隊友們沒有顯露任何疲態，有越戰越勇趨勢。

台北社隊友、吉忠及蕭小妹興奮的穿上雄崎電梯提供的白色紅袖亮眼車衣，台北社終於共同穿著與其他社不同的車衣，全國ＩＭＣ的八個分社除台北社外，都有成立鐵馬隊，有團體訂製車隊制服，台北社成員因大都會的工作與生活型態不同，成立鐵馬隊有其困難度，因此沒有鐵馬隊團體制服。張大師說：「就把雄崎電梯的車衣當作台北隊的制服吧！」感謝他不嫌棄。

沿著紅樹林車站後的淡水河右岸自行車專用道前行，車道左邊盡是台灣特有的胎生植物水筆仔叢林，右邊是淡水線捷運鐵道。每逢週六、日聚集許多了來此運動的自行車愛好者，或爸爸媽媽帶著小朋友，或同事或同學或自行車愛好者，一大票一大票的相約在此集結，狹窄的車道擠得水泄不通，還好今天是非假日，車友不多。輕鬆跨過朱紅色的關渡大橋來到淡水河左岸，順著八里左岸自行車道，經十三行博物館接上台六一號西濱快速公路往新竹出發。

吉忠兄，我們為其取名「集中」是台南鐵馬隊員，青年才俊頗具幽默在台南市開一家頗有禪意的美術燈飾專門店，左小腿側有一條飛龍刺青，極為自豪，喜歡穿短褲展示他的小龍。台南市社鐵馬隊可能尚未訓練完成或有其他因素，成員參加之意願低落，因此被徵召參加。

他的特殊處是他自備鐵馬，鐵馬是屬於登山越野車型，二吋寬的巧克力車胎，抓地力強；坐墊下有一組彈性超極佳的避震器，騎乘在公路上臀部上下震動，看起來非常舒爽的樣子。

登山越野車在於外胎表面有如一顆顆巧克力粘在上面，我暱稱其為巧克力胎，巧克力胎行走在路面不易被尖銳石頭刺破，下雨天行駛柏油路面，上下泥土路面的山坡，抓地力佳不易打滑；配備後避震彈簧的車子在顛坡路面騎乘具吸震效果，避免脊椎受傷，這兩項特點加起來，在登山越野時極為輕鬆，騎乘在平坦的柏油路面，反而會因消耗體力備感吃力，是以考驗耐力與體力為主的長途騎車致命傷。

吉忠年輕力壯，腳力強健，騎乘速度不落人後，遂獲得「彈簧腿」之稱號。但上下震動了兩天，不知是爽夠了還是太費體力，第三天他也與多數人一樣，改騎輕巧的公路車，畢竟還有七天的時間，否則還未回到原點骨頭都震散了。

我們真是幸運，八里左岸自行車道拓寬工程剛完工不到兩星期，又沒有人潮，車道兩旁又有漂亮的花園造景，四十七部鐵馬快速的在車道行走非常過癮。突然空中迅速飄來一片黑雲，斗大雨水又傾倒而下。

連續五天豔陽高照，雨衣早被收藏到行李箱，眾人趕緊躲進商店大屋簷下，霎那間，整個淡水河口壟罩在雨霧之中，遠處駛來一艘小遊輪，像極了傳說中的淡水八景之一的「煙雨歸帆」。

又大又急的雨勢，等載運行李的大白趕到，一陣翻箱倒櫃將封存在最裡層的雨衣穿上後不久停歇，真是好氣又好笑。八里左岸自行車道雖然寬敞，總沒有大馬路來的寬，我們於是改走台一五線省道，跳過十三行博物館、台北港連接台六一號西濱快速公路。

隨著淡水線捷運的開通，被塵封在記憶深處的淡水漸漸熱絡起來，但淡水老街櫛比鱗次的商店盡是琳瑯滿目的少女飾品，及全國各地都可買得到的紀念品，阿給、魚丸、魚酥等小吃每家都標榜正統，卻是都由工廠批發而來，口味都相同，無特殊之處。

淡水漁人碼頭的開發，有捷運可達，多了一個旅遊去處，淡水老街人潮洶湧；漁人碼頭可在淡水老街搭船前往，人數有限，碼頭內一個代表地標的情人橋，幾家吃飯喝咖啡的商店門可羅雀，鮮少有遮風避陽之處，夏天曬得頭皮發麻，冬天寒風瑟瑟，也凍得頭皮發麻，空氣中偶而還會飄來魚腥味。

昔日文人雅士所欣賞的淡水八景早被遺忘，今特地列出淡水鎮公所公佈的淡水八景已饗讀者——「烈祠松濤」、「漁港影堤」、「大屯春色」、「觀音吐霧」、「煙雨歸帆」、「釁崗遠眺」、「鷺洲泛月」、「砲台夕照」。

「永安」與「保康」

台六一線西濱公路起點由台北縣八里鄉開始至台南市，沿著西部海岸線興建，北部高架路段於二〇〇八年十二月底全線正式通車，她分散了中山高速公路的車潮，造福了由台北至大園與觀音兩工業區的上班族。因而中山高車流減少，行車時間顯著降低，台北到中壢、幼獅、竹科等工業區的上班開車族明顯受益。

今天的太陽還是很不客氣的罩在頭頂，近午時分，熱情的太陽一直擁抱著你跑，黑影熱得縮到腳下躲蔭，路旁大樹抵擋不住毒辣陽光，可憐的連葉子都垂得低低的。

天氣實在太熱了，西部海風悶熱難擋，空氣比東部沉悶，炎炎夏日晒得頭發暈。暗忖當年后羿為什麼不把太陽都射下來？不然也留下一顆小的，比較不熱，人煙稀少的海邊，沒有便利商店，也沒有權充鐵馬休息站的警察派出所。

汗水早已溼透了全身，大夥兒喘著大氣拚命往前衝，盼望著來杯可口可樂，清涼消暑。

道路上有的是貨櫃車駛過揚起的塵土，還有大片過度開發，卻乏人問津的新興工業區，一片荒蕪任憑雜草蔓蔓。豔陽肆無忌憚的照射在頭頂，兩腳機械式的反射運動，心中只想快點到達休息點。

忽然在車隊前頭亂成一團，一位隊友重重摔落地面，原來另一位隊友在超車時，未掌握完全超過前車之狀況下，忽然切入急速行進的車子。超車者未掌握安全超車距離，被超車者未料有人超車，兩者閃避不及之下，前輪遭超車者之後輪拐著，以至人車皆摔倒在地。

後面騎士被緊急送往附近醫院急診，經X光檢查結果，靠近肩膀的骨頭裂傷，需立即接受開刀治療，並停止後續行程，幸好頭部有安全帽保護安然無恙。

離終點只剩百餘公里，因為一位隊友的疏失，未使此次行程畫下最完美的句點。也使得一位優秀隊友在接近終點時被迫放棄環台壯舉，這是最遺憾的事。

中午用餐地點為永安魚港，離出事地點不到二十公里，「永安」不能空口說說，每人都希望「永安」，但永安仍需搭配保康，才能「永保安康」。

永安漁港位於桃園縣境內，為一近海捕魚之漁村，為了招攬觀光客，積極發展成觀光休閒漁港，港灣興建有一座一百一十五公尺長的白色拱橋為地標，橋身裝置有多彩燈光，夜晚多顏色變化，港內有二十餘艘休閒漁船，供釣客出海垂釣。港區漁會大廈一樓有鮮魚餐廳區，可在魚攤買好魚後，拿到餐廳烹煮，享受清新甜美的味道。又有加工海產販賣區，及現撈漁獲市場，便宜又新鮮。

永安漁港的漁市場有時也會舉辦鮮魚拍賣會，運氣好的話會買到新鮮又超級便宜的現撈鮮魚。但千萬別貪小便宜，拍賣者先大聲吆喝、大動作丟入幾條市場常見的鮮魚在籃子裡。

然後開始喊價時，價格抬得很高，然後主動大幅度減價，也許是半價，這時不必急著買，他會一面減價，一面丟入許多大小不等的魚，或是切成塊狀的大魚到籃子內，這時必須注意，他可能會丟入許多高級魚的山寨劣質魚，或不新鮮的魚，最後成交價可能只剩一折，這時才可出手，你以為撿到便宜，但結局是魚販賺到了。

用完午餐來到二樓寬敞的咖啡廳，點一杯冰涼現打蜂蜜檸檬汁，欣賞著窗外湛藍的海洋，在舒適的冷氣催眠下，摒棄室外的艷陽。

午休後，神清氣爽，元氣百倍。豔陽還是高照，也許受到上午摔車事件的影響，騎車的秩序有明顯改善，騎乘速度也溫和許多。還是沿著西濱道路南下，來到竹北的鳳鼻隧道前，在此集結列隊通過鳳鼻隧道，順道休息。

這時有一隊重型機車隊，約莫十來輛，也正要通過鳳鼻隧道，龐大的機車，嬌小的鐵馬，明顯的不成比例。重型機車騎士有一種傲慢的優越，原本就震耳欲聾的引擎聲，在傲慢優越感心裡作祟下，故意收起離合器猛加油門，炫耀的引擎聲轟隆隆的充斥著整個隧道，在形勢比人遜的情況，我們也只好默默的列隊通過鳳鼻隧道。

節能減碳是全民共識，在保護地球浪潮下，以不浪費天然資源，憑著雙腳用單車完成環台夢想的我們，速度雖慢，但其情操又何只高他們一等。

今晚是環台的最後一晚，受到早上摔車事件的影響，加上擔心明天是否能以最完美的隊形，安然無恙回到終點的隱憂，是主辦單位與隊友們最關心的事。

大家都希望明天能以最優雅的姿態回到終點，晚餐時，氣氛不像往日喧鬧。黃社長說明彰化社與台中社歡迎的隊伍狀況，及進入彰化縣境內行進路線，安全要如何的注意……大家靜靜的聽，靜靜的用餐，深怕漏了甚麼。我們沒有因明天即將要完成環台壯舉而得意忘形；最後一段路，反而比平日的晚餐更嚴肅。

圓夢凱旋 完美演出

第九天朝陽綺麗，天氣晴朗。

昨晚越想早早就寢養足精神，越是輾轉難眠，我與基成兄兩人在瑞穗得到的感冒，幾日來未見好轉，卻越發咳的兇，昨晚兩人似乎在比賽咳嗽似的，一夜難眠，今日原該是精神萎靡，可是用完早餐，著完裝跨上鐵馬，百倍元氣有如神助又恢復了，因為我今天要完成生命中的神聖使命。

週末清晨街道冷冷清清，揮別尚在睡夢中的新竹鄉親，IMC環台車隊悄悄的橫越過市區，回到西濱公路新竹縣香山路段。此路段的西濱右側海邊，矗立數支高聳入雲的風車，純白的風車，佐以藍天碧

• 台六一線西濱道路與風車合影

海，卻增添許多異國情調，無意中形成西海岸特殊景點，捷安特小潘潘特地以風車為背景，逐一將個人騎車英姿攝入鏡頭內。

西濱公路沿線風力發電風車，分屬於台電與民間公司所有，夏天西部海邊風力不強，葉片轉動緩慢，有的甚至停滯不動，發電效率不高。

二〇〇八年北京奧運帶動的中國境內建設風潮，致使中國經濟高度成長，對於石油、鋼鐵……等龐大需求，價格因而飆漲，石油能源短缺的警訊再度被世人重視，再生能源及綠能產業意識逐漸興起。太陽能發電與風力發電是這波熱潮的當紅能源。

台灣本島雖被海洋環繞，一年裡只有六個月風能，資源並不充足，整年風力發電的效率有限，而夏秋兩季多颱風，對風力發電風車造成極大威脅，廠商開發意願不高。這幾年受到石油能源高漲，國際對風力發電開發的潮流影響，政府大力推動風力發電，發電效果如何不得而知，至少教育國人，節能減碳有非常的迫切需求，我們可藉由自然界產生的風力來發電，減少對有限石油能源的依賴。

風力發電機係利用自然界空氣對流所產生的風，帶動風車葉片，風車受風力推動而旋轉，在葉片後面有變矩裝置與加速器，將風車葉片傳來的轉速，經過加速器將轉速放大，傳給後面的發電機發電。葉片直徑關係著發電效率，例如在香山的風力機組，高七十公尺，葉片直徑八十公尺發電容量一千二百瓩是屬於大形機組，風速只要每秒三～二十五米就可正常發電，所以看似轉動輕緩的葉片，其實已有電力產生；當風速達到八級以上颱風，它會自動停機，以保護發電機組。

（資料來源：台灣風力發電站導覽）

風力發電的風由大自然免費供給，機器設置成本高，台灣本島風力受到季節性的影響，發電效果不佳。

唯澎湖無山阻擋及周邊小島全年有風，每年九月到翌年四月又有強勁東北季風，最適合裝置風力發電機。可是當東北季風颳起，天氣轉涼，遊客稀少，用電需求不高；離台灣本島太遠，否則可將發電後剩餘的電力，輸送回來。

今天的台六一線西濱快速道路沒有高架、路段高低起伏，情況比昨日還差，好不容易來到竹南附近，在橫跨快速道路的國道三橋下稍事休息，接下來這一段是今天最辛苦的長緩坡路段，由竹南開始跨過中港溪通過後龍觀海大橋，爬過赤土崎直到白沙屯，綿延二十公里皆是上坡路段。臨海景色雖然美觀，與昨天相同的艷陽晒得無暇觀賞，但想到前面的休息點有冰涼的綠豆湯，甜美冰鎮西瓜，腳下頓時輕鬆起來。

到了白沙屯，台六一線西濱快速道路暫與台一線合併，我們又回到台一線公路。

原預訂的休息地點為台鹽通霄觀光園區，位在公路旁，觀光園區內有海洋溫泉設施。精鹽廠利用製鹽電析後的海水，加熱後送至海洋溫泉區，免費供遊客休閒足浴。

園池裡的滷鹽水是流動的，像條小溪流，兩旁有高低不均石砌座墩，還有高大老榕樹遮陰，春秋兩季坐在石墩上將腳丫泡在含有微量元素的滷鹽水中，吃著含鹽冰棒，別有一番滋味。

我的右腳底本易脫皮，若碰到水就濕濕黏黏的，走在地板上極不舒服，泡過溫熱鹽水後腳底脫皮處自通收縮，連續泡過幾次後多年不再犯。

精鹽廠雖有泡腳的小溪流，但假日附近居民及遊客眾多，小溪流樹下都是遊客，何況溫熱的滷鹽水，並不適合汗水溼透的我們。

因此在四天前商得黃社長以及捷安特主控何建樂（丫樂）的同意，將休息地點改在距離台鹽通宵精鹽觀光工廠五百公尺外，台一線旁佩樺大哥開的餐廳休息，因為這裡有冷氣消暑，可供停放鐵馬的停車場，且有可容納七十人的大廳，以及有冰涼小吃。

昨天佩樺即委託她二哥二嫂去買綠豆回來熬煮到入口即化後，放入大冰箱冰涼，當天清晨買了大冰塊加入甜湯冰鎮，另自製米苔目，單單綠豆湯就可消暑；米苔目再加入綠豆湯，更是可口又消暑。

佩樺的大嫂不落人後，知道我喜歡尖山米粉，特地炒一大鍋，及煮一大桶新竹貢丸湯，這都是我喜歡的家鄉小吃。

頭份尖山米粉是利用中港溪的強勁東北季風，及豐富的陽光晾曬吹乾，小時候常常看到中港溪畔，成排白皚皚曬米粉的壯觀場面，現在空污及成本、效率考量，都採用機器烘乾，當然味道與九降風吹乾的相比較遜色得很多。

尖山米粉是粗米粉純米製造，不宜水煮否則易斷，過水後立即下鍋炒，加入蝦米蒜香料，吃起來滑溜順口。新竹米粉是用蒸的細米粉，味道與口感明顯不同。

佩樺知道一大早大隊人馬由新竹出發到通霄一定是又餓又熱，因此貼心的為我們準備有熱的小吃，也有清涼的點心，還有岳父大人自種的三大顆在二十四小時前即送入冰箱的透心涼冰鎮西瓜，家族總動員以迎接環台勇士蒞臨。

一大早由憲兵隊剛退伍的大兒子昇峰，載著媽媽與基成大嫂從台北南下，來到餐廳幫忙。當大隊人馬陸續抵達後，沁涼綠豆湯與米苔目馬上一掃而空，冰鎮大西瓜當然只剩下綠色瓜皮，彰化社有一隊友高興的告訴我，他總共吃了七碗米苔目，我擔心待會他的鐵馬是否能載得動？

揮別佩樺娘家家族們，大隊經過秋茂園、通霄、苑裡來到大甲用中餐，並等待彰化社與台中社陪騎的人馬來會合。

經過九天的鍛鍊，我們腿力越來越強壯，風火輪踩的虎虎生風，平坦路段如風疾馳，途中又有小吃增補元氣。餐廳廚房的爐灶還未生火，大隊人馬就到達了，真不好意思，我們又早到了，這回不再是飢腸轆轆，而是想找個有冷氣的地方休息一下，接受下午的挑戰。

跟富基漁港狹小餐廳比起來這裡寬敞多了，被米苔目、綠豆湯撐飽的肚皮，加上舒適冷氣催眠下，眼皮也不再堅持的闔下來，超過三分之一的人等不及美食上桌，已趴在餐桌上與周公聊天去了。

依照昨晚的協議，下午由大甲開始，柏生領騎，依次為尊霖社長及三十三位全程環台隊員，其他陪騎車友以兩路縱隊隨後，以蕭小妹、原捷安特領騎、押騎等三人將環台隊員與陪騎隊友區隔，整齊的制服，整齊的隊伍，沿著台一線公路快速前進。

陪騎隊友，除了彰化社與台中社的鐵馬精英外，還有聯合會理事長許敘銘先生，及其他七社社長及鐵馬同好，總共百餘人，隊伍綿延約一公里。

台鐵追分火車站休息後，隊伍前面安排兩輛警用機車前導，後面也有兩輛警車押陣。沿路還有車友陸續加入，浩浩蕩蕩的車隊整齊壯觀，路人為之側目，行經原住民嘉年華會會場時，穿著原住民傳統服飾的原住民舞蹈團特地為這支壯觀的車隊跳了一支迎賓舞。

井然有序的ＩＭＣ環台車隊，在警車前導下於下午五點抵達終點。經過九天鍛鍊的鐵馬環台成員緩緩的進入歡迎人牆，如雷的歡呼聲、掌聲、尖叫聲、歌聲中以優美的姿態跨下鐵馬。

我終於圓了環台夢想，眼睛禁不住泛出喜悅的淚光，矇矓中擁抱著前來歡迎的兒子及愛妻，緊握著專程南下迎接的永賢與鎮平二位好兄弟的雙手，感謝他們一路的鼓勵與關心。

當晚ＩＭＣ聯合會理事長許敘銘先生自掏腰包在彰化富山日本料理店舉行慶功宴，宴請環台勇士及眷屬、前來歡迎社友，場面熱鬧與溫馨，為ＩＭＣ全國年會的創舉畫下完美句點。

‧最後甜蜜的果實

鐵馬記行 結語

「鐵馬環台逐夢記行」終於抵達終點，本文完稿時離二〇〇九年六月二十日完成環台壯舉已相隔約半年，寫到最後心情還是激動的，回憶那段時光，還是莫名興奮，本文未敘述的就寫在後語，待要下筆時卻不知從何處著手。

報名環台後，多數的以欽佩的眼光看我，有鼓勵的掌聲，也有少數不可置信輕蔑眼光；完成環台夢想後，我告訴以欽佩眼光看我的朋友，騎鐵馬環台沒有甚麼了不起，也沒有甚麼值得臭屁十年的事。從小學生到八十歲的人都可以做得到，端看你如何去設計適合您的行程，最重要的是要有強健體力，堅強的毅力，持久的耐力，能夠克服這兩關，單車環台也就是輕鬆的事了，何義津能完成的，您也能完成。

「開車太快，走路太慢，騎單車恰恰好」單車是最適合全家的運動。

年過五十將近花甲之年的我一直想做幾件給自己值得回味的事。騎鐵馬環台是我的夢想之一，感謝力邀我參加此次IMC環台車隊的基成大哥，沿途受到IMC各地方分社以勇士階級的招待，是始料未及之事。環台回來後，單車成為我的新嗜好，也讓我找到人生的另種寄託，五十歲後的人生，有此際遇是值得慶幸。希望日後有機會能到國外騎單車旅遊。

得於騎乘單車的因緣，讓我生活在車水馬龍的台北市外，遊玩許多未曾去過的地方。沿著圍繞在台北市區的堤防外，有平坦的自行車專用道，您可以優閒的騎乘，徜徉在綠意盎然的河濱公園。

清晨，可以呼吸到市區所沒有的新鮮空氣，傍晚，可以欣賞到夕陽餘暉；您也可以於平日清晨，盡情奔馳於人車稀少的自行車道，享

• 「鐵馬環台逐夢記行」抵達終點

受奔馳的快感。希望看官們時時利用假日到堤防外，騎單車運動健身兼欣賞平常您看不到的台北。

感謝九天八夜一路來相互照顧的基成大哥、明棟大師以及四十五位共同環台的夥伴，大家已建立革命感情，以後到全國各社都有戰友，有聊不完的共同話題。

感謝聯合會許理事長及彰化社黃社長暨所帶領的團隊精心策劃，感謝捷安特服務團隊的細心照顧，感謝台北社熱烈歡迎的社友們；感謝時時刻刻以電話、簡訊打氣的朋友，感謝雄崎電梯的員工在總經理不在期間仍能照常營運出貨，感謝佩樺與兒子女兒的支持，也感謝耐心看完全文的您，感謝社友們的鼓勵給我完稿的動力，感謝再感謝……

登山記旅····

千年之約

富士山勇士報到

由富士山下來，用畢中餐，雨勢稍歇，爬上等候已久的遊覽車，這是鎮守在河口湖的後援隊，在王丁財社長帶領下，體貼開上山，迎接富士山勇士們的專車。

遊覽車啟動後，眼皮如千斤重錘，羊尚未趕入欄，意識就已進入夢鄉，瞬間抵達第三階段熟睡期。車子順著山路蜿蜒而下，腦袋也順著山路的曲折，如鐘擺般忽左忽右擺動著，睡夢中依稀聽見導遊小林先生介紹接下來的景點。身為登山隊長的我，今天帶大家來登富士山應該要知道後續行程才對，心裡努力地想要睜開眼睛，無奈那聲音，像讚頌凱旋歸來的梵音，成為絕佳催眠曲，奮力將我推向更深層睡眠境界。

經過個把鐘頭，腦袋因為停止擺動而驚醒，車子也停下來，原來已來到河口湖富士VIEW Hotel。

拖著充滿睡意且疲憊的身軀，奮力移動不太使喚的雙腳，輕晃著尚停留在深層睡眠的腦袋，隨大夥兒無意識來到二樓，提領比我早一天到達的行李。

進房後，脫下停留在身上已超過三十小時，充滿勝利酸臭味的登山服，腦袋難得短暫清醒，顧不得滿身汗臭，與佩樺相偕換上**尤咖塔**（yukata日式浴衣），衝到地下一樓，泡個舒適的湯，這是在登完高山後最大的享受，且是日本限定。

掀開掛著男湯門簾，裡面已有多位台北IMC富士山勇士，先行將身體搓洗乾淨，迫不及待浸泡在浴池裡，讓富含硫酸鹽的溫泉，解放身體每一寸肌膚。硫酸鹽溫泉依據學者專家研究，具有治療神經痛、筋肉痛、恢復疲勞、幫助睡眠……等功效；正好可以讓我們這群剛由富士山下來的勇士，恢復疲勞，舒緩下山時，擔任持續剎車要角的小腿肚。

寬敞明亮的湯屋，雖名地下一樓，實際是與室外地面等高。室內湯屋有高溫、低溫、常溫清湯池各一座，各浮著幾顆人頭，享受著身體被谷溜溫泉親吻的感覺，角落靠近蒸汽浴室旁，有一小座藥湯尚無人光顧。

湯屋外還有一座大湯池。此刻室外常溫池都被我們塞滿，躺在湯池裡，沒有朦朧蒸氣阻隔，可遠眺富士山頂，吸著富士山飄下的清新空氣，徜徉在湛藍天空下有被解放的感覺。

我緩緩沉入湯池中，輕舒雙臂，雙目微閉，靠著池邊，讓身體的疲憊慢慢釋放開來，享受湯水將身體包裹著的緊實感，任由湯水將肌膚裏層乳酸雜質盡情排放出來，把新能量源源不絕的注入體內。

湯池內像水餃鍋，塞滿了台北ＩＭＣ富士山勇士。

之洞兄已是坐六望七之人，不是此行年紀最長隊員，是這群人唯一第二次登富士山的人。二年前（二〇一二年）也是台北ＩＭＣ登神山要角，他又是台北市早覺會成員，假日都在山上渡過，體力佳登山經驗豐富，此刻正高談闊論發表權威性的評論。

後宜兄背著自己及隊友寄託的物品，近二十公斤的重物壓在背上，絲毫不減他的速度，百八身高，人又俊俏，手拿攝影機由上望下拍攝角度佳，隨機取材，輕鬆自如，歸來後其作品，是邵義勝前社長製作登富士山ＤＶＤ寶貴紀錄資料，是本隊不可多得的健將，也加入發表感想。

邵前社長已有七十五歲高齡，是本隊最年長隊員，也是最讓我擔心的。此刻正在閉目養神，也許正在構思本次富士山影片內容架構，也或許在回味昨晚在富士山頂歡樂的氛圍。其他勇士，靜靜傾聽其他夥伴對過程中的英勇高見，享受湯水包裹的舒適，偶而插入幾句，意味著他也是參與這場盛會的勇士之一；大多時候，我閉目養神，沉浸在凌晨登頂的喜悅中……

登富士山

河口湖富士景觀飯店在頂樓貼心的蓋了一座室內觀景台，經過溫泉的洗禮，有的去馬殺雞，有的回房補眠，有的到室外欣賞翠綠風光，有的去小九洞打小白球，我攜帶台灣帶來的高山烏龍選擇到頂樓休憩。

屋上觀景台有片玻璃大視窗正好面對富士山，可觀全貌；我斜倚在沙發上，輕啜一口清香烏龍，眺望著富士山頂，默默地欣賞她千變萬化的姿態。雖是炎夏，她像是氣質高雅的貴婦，又像嬌滴的神祕女郎，頑皮的更換一頂又一頂時尚帽子，她的帽子總是壓的低低的，將美麗臉龐，隱藏於帽簷後。

變幻莫測的富士山，此刻山頂雲霧嬝繞，忽而濃濃的將整座山包裹著，白色天使圍繞，隨著律動起舞；忽而如鋼管舞者，脫得只剩一層薄紗，若隱若現引人遐思；忽而騰空撐起一把傘，守護著富士山女神木花開耶姬，不讓熾熱的陽光曬黑了白皙的肌膚。

淡黃色富有家鄉味的茶香，讓頭腦完全清醒，加上剛剛溫泉浸泡魔力，體力已恢復大半。想著今日凌晨，帶著台北IMC一行二十六位富士山勇士，才從那兒歸來，嘴角不禁泛起一抹得意的微笑。

對富士山距離瞬間拉近，我終於了卻千年之約。

富士山海拔三千七百七十六公尺，日本第一高峰，孤傲的跨座在日本的山梨與靜岡兩縣。千古以來受日本人景仰，一生中想要登一次的聖山，就像回教徒一生中一定要去麥加朝聖一樣；但現代忙碌的日本人，具「弱雞」體力的年輕世代，寧願宅在斗室打電動，擠在居酒屋裡抽菸灌啤酒，流連於原宿、歌舞伎町五光十色的酒場中，永遠把登富士山這檔事停留在計畫階段。

一千九百年前（西元一一〇年）即日本景行天皇御代四十年，日本武尊出巡時，在山頂淺間神社祭拜富士聖山，開啟富士山敬拜第一頁。

千年以來，日本文人騷客，就以富士山為題材，吟詠無數佳句，浮世繪將富士山的千嬌百媚，呈現於畫布更是亙古流傳。最有名的葛飾北齋創作了一系列「富嶽三十六景」最膾炙人口，甚至影響西方畫家，有名的梵谷就是以浮世繪為背景，創作了「唐基老爹」名畫。

富士山是日本三大名山的最高山，是日本文化精神的象徵，千年以來日本人最嚮往去朝聖的聖山；每年從七月一日開山，八月三十一日封山，登山者可自由登山，沒有人員總量管制，二十四小時不受時間限制，雖短短兩個月，每年卻吸引約三十萬人登山，人多再怎麼自律，難免遺留很多垃圾，加上人類排遺，以至山上被汙染嚴重，被諷刺為最高的垃圾山，國際登山愛好者曾有「不要把汙染富士山的習慣，帶來希馬拉雅山」一說，可見登山客對大自然破壞的嚴重性。

也因為短時間聚集大量的遊客，汙染了富士山，申請世界「自然遺產」屢遭批退。日本經過二十一年積極整頓、宣導下，將富士山頂

• 由東京台場搭往須走口五合目的遊覽車

的淺間大社奧宮、富士五湖、鎌倉大佛，再加上周邊景點等二十一座寺廟，改列申請世界「文化遺產」。終於讓聯合國教科文組織（UNESCO）世界遺產委員會在二〇一三年六月二十二日柬埔寨首都金邊第三十七屆年會會議，以活的傳統、理念、信仰、藝術及文學作品為理由、正式通過把富士山列為世界『文化遺產』。成為日本第十七處世界文化遺產；但是沒有管制遊客數量的富士山，是否仍能保持大自然的乾淨，還有待考驗。

我們是在富士山被列為世界文化遺產第二年登山，也是為維護山上清潔，第一次收清潔費

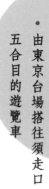

一千円日幣，以維護聖山之整潔。

車子將我們由擁擠的東京帶到吉田口五合目，不，應該說從遙遠的國界，心靈深處帶到富士山。

朝思暮想的富士山，忽然佇立眼前。像是千年緣定夫妻，忽見美嬌娘戴著面紗，嬌滴滴的現身眼前，傻小子內心洶湧澎拜，卻又手足無措。

登山理事德賜兄說他盼望登富士山已三十餘年，IMC聯合會理事長張森烈先生亦如是說。

緩緩前行 安全為上

富士山對我而言，始終是敬畏的，神祕的。彷彿千年之前我們是溺在一起的愛侶，心靈深處是相通的；有時卻是模糊的，她總是罩著神祕面紗，默默端坐著。長年來我總是在遙遠的地方，癡癡的凝望她，欣賞她，甚至畏怕去掀開那神祕面紗。

向五合目登山口的小御嶽神社祈求順利登頂，並循例在廣場做完熱身操。三十六位（含山下隊）在社長王丁財帶領下做熱身操，場面算是浩大，此舉引來富士電視台記者的注目，立即趨前採訪這群來自台灣的長青勇士，當晚是否有當成新聞播出，或在宣傳專輯裡軋上一角，就不得而知，我此刻關心的是全隊是否能順利登頂。

‧向小御殿神社祈求登山平安順利

‧出發前鬆筋熱身操

．出發前在登山口紀念寫真。

．到達泉滝，開始緩慢上斜坡。初始，佩樺充滿喜悅一馬當先。

我將三十六位成員編排成四組山上隊，及一組山下隊，共五組。在富士山五合目廣場做完鬆筋熱身操，並在山下隊的祝福下，勇士們依照組別陸續出發。

吉田線五合目登山口有志工收取日幣一千円日幣清潔費，工作人員發給每人一個紙盒，這紙盒裡有一層薄薄的粗沙，外罩黑色不透明塑膠袋。功能是要讓登山者想要「方便」時，可以在紙盒的沙上處理，男女通用，簡單方便；且為了隱私，將塑膠袋全身罩住，只留出項上人頭，別人看到，只知你在做什麼，看不到你在做什麼，解放完後還要將自己的東西，帶回山下，不可留在山上，像是遛狗一樣的帶回家，以維持山上的清潔，避免人類屎尿將聖潔富士山沾汙了。當然也可利用收費廁所，每次二百日円（約新台幣六十元），不限時間，不分大小便……以次計費。

終於啟程了，下午四點，頂著七月的豔陽邁步前進。富士山體貼得像是鄰家阿桑，佩樺有如要去遠足，雀躍地在前頭帶路。剛開始平坦寬闊緩坡，像是散步般先讓我們熱身一公里來到泉瀧，才開始緩慢步上斜坡；不像馬來西亞神山，進入登山口就來震撼教育，連續直線型上切數百米，才有機會喘氣。

雖是緩坡，但已有狀況出現，先是有位女隊友的登山鞋，竟然過於興奮開口笑得合不攏，體貼的老公趕緊陪同回到五合目買雙新鞋；接著又有隊友眼壓過高，眼睛出現不適，勉強前行恐有危險，獨自先行回頭與山下隊會合。

距五合目一千六百公尺處有「富士山警備派出所」與「富士山安全指導中心」二個單位，安全指導中心旁貼心地豎立「彈丸登山」警告牌一座，除了日文外，還加了英文、中文、韓文三種文字。

彈丸登山是指前一天未充分休息，而徹夜登山之意。所以建議登山者在途中山屋休息一夜再登頂，雖是酷暑季節，山頂氣溫也會降至

‧「彈丸登山」告示牌體貼的提醒你。

‧休息是為了走更長遠的路，喝杯水再走吧！今年登山理事李德賜與黃麗容伉儷倚靠著用石塊與鐵網的護堤。

‧綠色植物已漸稀少。筆者（由左至右），不老勇士高齡七十五歲的邵義勝前社長，步伐穩健瀟灑的張森烈理事長。

‧輕喘著氣，默默地踏著細碎熔岩塊，沿著鐵網護堤邊往上行去。

零度，體力不佳者可能會出現高山症有致命危險。

登富士山路徑，上山與下山不同路徑，有四個登山口，人數不受限。年輕人或體力好者，下班後才從東京新宿搭JR電車，再轉巴士約晚上八點到達五合目，直接起登，翌日清晨五點到達山頂看日出，中途不住宿，只靠在路邊石頭稍微喘氣打盹。未充分休息者，或體力不佳者，時有危險狀況發生，故有彈丸登山警語。我們這群不老勇士，當然不能與年輕人相比，事先我已委託旅行社在海拔三千公尺八合目的太子館訂好歇腳處，住宿休息兼用晚餐。

過了警察派出所，富士山不再有喬木矗立，綠色矮灌木叢消失蹤影，整座山好像頂上掉光頭髮只剩耳際線的高富帥禿者。

七月夏初，山壁上還殘留些許白雪。道路及山壁全是千年之前，山神數次怒吼，張口噴吐出的怒氣，所遺留下來的粘性極差的玄武岩的熔岩（最後一次火山爆發是江戶時代一七〇七年）；在鬆散的熔岩上開鑿出登山道路，比在沙漠造路還難，因它不能鋪上柏油或水泥等人工覆蓋物，開鑿道路而形成的山壁為防止崩塌，只能用石塊堆疊成堤防，或以水泥條塊加鐵絲網固定。

路還算寬廣，呈之字型上升，過了六合目，氣溫不再炙熱，溫度急降，略有寒意，穿上背心或薄夾克即可，海拔慢慢提升，空氣漸漸稀薄，輕輕喘氣聲，代替初始的聊天打屁歡笑聲；剛過六合目所有隊友還是聚在一起，在喘氣聲中默默往前推進。由於坡度漸大，困難度也加大，喘息聲也加大，平時訓練是否在摸魚？成績慢慢揭曉。

夫妻同心 父子情深

夜幕低垂，隨著海拔提升，氣溫愈趨降低，五合目的酷暑漸消失。來到海拔二千七百公尺的七合目，空氣明顯稀薄，超過二千公尺高山症就有反應可能，我注意到有的隊友已出現高山症現象，還好他們都有同伴照顧，這次出來前，沒有時間安排到合歡山東峰作高山訓練，同時測試是否有高山症。

現在坡度越來越陡峭，崎嶇不平的熔岩路，走起來備感吃力，必須拉著兩旁鐵鍊攀爬上去，體力大考驗開始，紳士與貴婦顧不得形象，用力吐出沉積在體內的汙濁廢氣，換得富士山千年保存下來清涼空氣，四個月來的訓練成果現在是驗收時候。

「夫妻本是同林鳥，大限來時各紛飛」這句流傳民間諺語決不適用於台北IMC富士山勇士隊。

只見子文兄頸掛照相大砲，陪著愛妻因登山鞋開口笑，返回五合目出發口商店更換一雙，多走了數公里路程。現在，攝影機大砲還垂盪在胸前，左手拄著拐杖，顧不得捕捉富士山夕陽美景，右手小心翼翼牽著呈現輕微高山症的子文嫂，緩慢的往上爬。這對結婚將近四十年的玉婚夫妻，兒孫滿堂，事業有成，克紹箕裘，時常共同遨遊世界。子文喜愛攝影，上山下海獵取精美鏡頭，雪真（子文嫂）亦步亦趨，恩愛蹤影遍及山林，沒想到在富士山出現高山症，但正好給子文表現機會。

具有男子氣概的健成兄，平時事業繁忙，鮮少運動，為了要來富士山挑戰自己，只跟著訓練幾回，還被其八十高齡手腳勇健的高堂嗆聲。此時，他左右各佇着一根登山杖，打從六合目開始，兩腳已不聽使喚的顫抖，愛妻碧桃姐展現小妻子的溫柔，跟在身旁輕聲細語鼓勵，健成兄一步一步辛苦前行。屢次想打退堂鼓的健成兄，在愛妻鼓勵之下，想起高堂出發前的叮嚀，咬緊牙關努力向前，展現堅強毅力，加上愛妻的體貼呵護，平時老爺作風消失殆盡；經過這次共患難的考驗，阿成對阿桃的愛一定更加堅定，更上數層樓，永誌難忘。

茂林師兄沿路心中默唸著阿彌陀佛，祈求我佛與我同行，時間一久，可能忘詞，佛陀為照顧其他普羅大眾，先到他處救助苦難同胞，留下氣喘吁吁的茂林師兄與大夥兒共患難。還好他帶了年輕力壯的兒子泓佐，兒子見老父弱小身影，馱負著沉重包袱，還要跟上隊伍，辛苦往前行，有如人生道路般艱辛，效法佛祖馱負著眾生的苦難；茂林師兄是否參悟？「登山過程有如苦難人生，是佛祖給我們的試煉。」

泓佐孝心熊熊升起，顧不得自身也氣喘吁吁，一把抄起老父背包，扛在身上，減輕父親重量，孝順兒如此懂事，年輕族群尚屬不多，未來必有出息，茂林師兄該感謝佛陀之恩賜。

休息時卸下沉重背包時，都必須講求完美身段的神山女神麗容小姐，她與登山理事德賜兄是社裡公認的一對快樂神仙伴侶，在健康一〇一那年，德賜兄全程錄下愛妻的攀登神山奮鬥過程讓人稱羨。

神山位於馬來西亞沙巴州，高四千零九十五公尺，比富士山的三千七百六十六公尺，高出三百一十九公尺。神山由一千九百八十公尺開始登山，登高海拔二千一百一十五公尺；富士山由五合目二千三百五十公尺開始，登高海拔一千四百一十六公尺，神山路程相對比富士山多出數公里，道路亦崎嶇難行，也因此富士山雖每年只開放二個月，加上沒有管制上山人數，卻能吸引三十萬愛山者之原因之一。

麗容小姐攀登神山時，是非常神勇，勇往直上。當時有充足訓練，神山有數千種植物生長，滿山蒼鬱，有豐沛芬多精提神，她即使勞累也充滿了笑容。光禿禿佈滿火山熔岩的富士山，比澀谷夜生活還多的登山客共同吐出的穢氣，把時時保持燦爛笑容的麗容小姐薰得滿臉疲憊，精神散漫，我向她招呼時，只用無神眼光回應我，她的賜哥輕扶著，滿臉不捨默默隨著人群前進。

登山勇士群象

具有藝術家氣息的邵義勝前社長，精通音樂美術雕刻，是我最敬佩的長者之一，身體勇健，高齡七十五歲，是本隊最高齡者，我都暱稱他「咪吽咪桑」，這是邵族問候語，他並不是邵族是漢族。

邵前社長經常隨專業攝影團隊到新疆等高海拔山區，或冰天雪地的立山黑部等高山攝影，每次回來都把他的傑作，精心編輯配上優美旋律，製作成可觀賞的ＤＶＤ分享給大家，毫不藏私。

當他告訴我，他也要登富士山時，第一時間卻是把我愣住了，但換個角度思考，這是難得的機會，若是狠心拒絕，害他圓不了夢可是罪過。於是，我與登山理事德賜兄，及後宜兄共同協商將身強腳壯的隊員與他同組，相互照顧。

從六合目開始，裝著厚重衣物、水、相機的沉重背包已不堪負荷，財居兄非常有情義，二話不說自動扛起，財居的義舉看得財嫂露出驕傲眼光；此後邵前社長一路前進，不需攙扶，沒有高山症，亦不需特別照顧；在八合目太子館山屋休息時，他閉目打坐，氣走丹田，全身充滿能量，深夜十一點出發時像一尾活龍，不輸給年少者。

另有一位七十一歲的長者，係本隊第二高齡。手腳靈活的呂良輝前社長，像金庸小說射鵰英雄傳中的老頑童周伯通，為人風趣不拘小節，個性亦如老頑童般可愛。

呂前社長動作靈活，非常時尚的拿著一台口袋型攝影機，隨意拍攝。紀錄富士山隊訓練狀況。他在五合目売店，買了一枝金剛杵，跟著團隊前進，我沒看到他顯示疲憊狀態，每個休息點，金剛杵都烙上紀念印，直到山頂前最後一個賣店。

回程時，我與佩樺押隊，陪著老頑童邊走邊談笑著，慢慢下山，回到六合目處，看到四匹馬栓在路邊招攬客人，到五合目登山口每匹馬日幣一萬二千日円，經過一夜趕路此時也都累了，何況還有八十分鐘路程，我內心評估老頑童體力是否能勝任，考慮要不要建議他騎馬回去時，老頑童忽然說：

「在菲律賓坐過馬，在日本還沒有坐過馬，何況還是日本人牽～～～」

衝著這一句，我回去向日本人議價，每匹日幣一萬日円成交，未幾，三人神氣的坐在馬匹上，由日本馬夫牽著下山，羡煞了其他隊友。

後宜兄是本隊最猛的一個，身高俊俏賽潘安。居信義區，臨象山偎九五峰，每週三次清晨不論晴雨，登九五峰，如自家後院，練就一身登山功夫，非常人能及。

後宜是「委屈求全」的押隊長，每次登山都請他在最後押隊，保護落單的隊友，他都是「委屈」自己，以「求」得隊友們的安「全」。

因出發前一晚，旅行社領隊小林再三囑咐，山屋不提供洗澡、盥洗、飲用等水，個人務必攜帶足夠用水，美女們每人都帶四、五瓶礦泉水，準備清洗得美美的，去迎接富士山頂的第一道曙光。

美女們忽略了體力所能負荷的重量，未到七合目已累垮，於是這些礦泉水全部委託後宜兄代背，他的背包從七公斤，漸漸加到二十幾公斤，真是辛苦了。

人物很多無法一一介紹，就此暫告段落。

經過近五個鐘頭的奮鬥，這群不老勇士終於來到海拔三千一百公尺八合目的太子館，因為旅行社小林的年輕徒弟，被我指派在最後面與押隊長同行，防止若有狀況，必須有懂得日語的人處理，換我權充領隊，經與太子館櫃檯交涉結果，在文件候補的情況下，同意讓先到的人進去休息，不必在外面受寒。

當晚我們在此用餐休息。

不，應該說前半夜在此用餐休息，用完非常簡單的咖哩定食，立即去休息，休息到晚上十一點就起床，深夜十一點半出發準備登頂，算起來連用餐只休息五個半鐘頭而已。

富士山太子館山屋沒有神山木屋豪奢，晚餐是咖喱飯配熱茶，睡的是通鋪，沒有水洗澡洗臉；神山是吃到飽自助餐，睡的是個人床鋪，還有個人熱水淋浴間。唯一相同是起床出發時，每個人都說沒有睡著。但至少有讓身體躺平休息，恢復體力。

半夜十一點半集合整隊出發，第一、二組無事相繼出發；第三、四組稍有狀況，職責所在，協助排除後二組的突發狀況後；我想勸阻一直殿後的健成與碧桃伉儷，不要登頂在此等候天亮折返下山，此刻卻是遍尋不著他夫婦倆的蹤影，原來他們已經在三十分鐘前，隨第二組人員先出發，攔阻不及，只好祝福健成兄順利登頂完成夢想。

隨著後二組人員緩慢前進，來到海拔三千二百五十公尺的八合目元祖室，體力較差的女隊友也都有老公照顧，各組恢復正常，也不需我照應。才想到，走了個把鐘頭都未看到佩樺身影，照顧別人也不能冷落她，於是快步追趕。

用頭燈照了手錶，深夜二點十八分，離太子館出發將近二個鐘頭，未看到佩樺蹤跡。今晚她超神勇的，體諒身為登山隊長的老公要照應體力不佳隊員，及應付臨時發生的狀況，不能時刻陪伴她身邊，她只好自立自強，現在各人老婆都有老公照顧，我不能讓她有孤獨感，遂加快腳程急追去照顧她。

為了趕到山頂看富士山日出，徹夜上山的人越來越多。在山屋休息的山友都起床趕路，下班後由東京來的上班族，也摸黑上來。深夜過後人潮越來越多，整條山路竟然被朝聖的登山客擠爆，出現塞車現象，不，應該說塞「人」才對。只容單排前進的山路，擠成兩排；可以雙排並行的路段，擠成三排或四排，比新宿歌舞伎町還多人，相互

• 值得珍藏的照片

• 老伴：永遠回憶的照片

談笑的吵雜人聲比在市場買菜還大聲。

規矩的日本人依序前進，沒有爭先恐後，我也只好隨著人龍緩緩前進，偶有稍寬路段才抄快前進，途中遇到健成碧桃等幾對夫妻檔，也包括茂林師兄父子檔，一個多鐘頭後，終於看到佩樺隨著張森烈前社長、陳財居夫婦等人已經通過九合目鳥居，離山頂只剩下六百公尺，時間清晨三點二十分。

凌晨四點整已有八位隊員到達山頂，山上的風真的太大了，早到的永福與後宜找個稍微可避風的，又可看到隊員上來的牆角，當作臨時集合地點，大家擠在牆角相互依偎取暖。二十分鐘後又陸續上來幾位，五點不到全員到齊。比預計時間提早半個多鐘頭，真是太完美了。

刻著「富士山頂上淺間大社奧宮」的石柱是到此一遊的指標，必須照相留念，回去後可炫耀親友，尚可供後世子孫景仰。石柱基座面積不大，加上登山客實在太多，無法二十六人大合照，也無法獨照，只好各自排隊，幾位撮合著照相紀念，只要能證明到此一遊，便可請山梨縣政府發登頂證書。

日本關東地區颱風剛走三天，環繞富士山頂的外圍環流，凜冽寒風，吹走一片雲，隨即又來一大片，晨曦穿不透厚厚雲層，灰濛濛山頂溫度持續下降，不宜久留。安全起見，省略火山口觀覽，招呼隊友們迅速下山。

富士山下山路線在背風面，與上山路線不同。天漸漸亮，山中湖、河口湖美麗倩影清晰可見，遠處傳來小喇叭吹奏的起床號，我想山腳下可能有自衛隊營區，他們真幸福每天可以仰望富士山雄姿。

下山路面是天然熔岩碎渣鋪成，小小顆的石礫厚厚的，一腳踩上，好像走在沙灘上，雖是下山，卻是舉步維艱，比踏在石階還難，不小心就滑倒，還好有登山背包及厚厚羽絨衣墊著。在滑倒經驗悟出竅門，一路快步滑行，省力又輕鬆。

．不要說我老！

經過二十幾個小時奮鬥，終於回到五合目登山口，王丁財社長率領山下隊深入泉潼歡迎這群不老勇士歸來。台北IMC又創下一項佳績。

晚上慶功宴開始，像是歷劫歸來，又像是凱旋的勇士，神采奕奕，不復見昨晚的狼狽。我請大家啤酒飲み放題（無限暢飲）助興，王社長贈送香甜水蜜桃助消化。當冰涼金黃色液體順著喉嚨滑下瞬間，一切疲勞消失無影蹤，話匣子也打開了，啤酒一瓶瓶開，氣氛越熱絡，登山理事德賜與麗容夫婦拿出台北帶去的手工打造的皇冠，請丁財社長為勇士們加冕，達到最高潮。

餐畢，換到我的房間續攤，健成兄慷慨拿出高級藍帶威士忌，二十幾人擠在房間內，無拘束的坐在地板上、床鋪上、桌上、椅子上，勇士們繼續很臭屁的談論他們的英勇事蹟，畢竟，再次登富士山不知何年何月。

．昨晚我們都住在後山

神山散記

I

失去後才知珍貴

約在二十五歲那年曾在讀者文摘上讀到一篇文章。

美國有一位女士，平時三餐漢堡炸雞薯條，外加甜甜圈配可樂，青菜蘿蔔從沒在她的菜單裡；慢慢的血管變成油管，肌肉變成肥肉，小蠻腰變成游泳圈，站在磅秤上，指針原轉一百八十度漸漸轉到三百六十度；在四十幾歲時心臟不堪負荷差點因心肌梗塞而蒙主寵召。

這位女士在鬼門關前走一趟回來後，聽從醫生建議改善飲食。有一位「損友」是登山專家（剛開始是這樣認為）慫恿她去爬山。

初始，由一般小丘陵開始，來回踱步，即氣喘如牛。三餐同時也丟掉漢堡與甜甜圈，菜單刪除炸雞與薯條，黑可樂改黑咖啡。

隨著體力復原，小丘陵逐步進階到初級山、中級山，次數也從每月，加強到每週；爬山爬出興趣，登山層次漸漸提高至三千公尺以上高海拔山，體力、肌力增加，自己也成為登山專家，六十歲那年挑戰自己，成功登上世界第一高峰，海拔八八四八公尺的珠穆朗瑪峰，也就是聖母峰。

這篇文章看後讓我非常震撼，文章中未提到她的體重下降到幾公斤，六十歲能登上八千多公尺以上的高峰，絕非常人所能達成，何況對於一位動過心臟手術的人，她要克服的不只是體力與毅力。

因本身偶而也喜歡山，雖不敢「肖想」登上聖母峰，但也希望有機會能登百岳，欣賞台灣山岳之美，就心滿意足。

國父說「工欲善其事，必先利其器」憑著年輕熱血衝勁，想到就做。省吃儉用買了一雙相當於當時一個月薪水的登山鞋，扛著背包放幾片吐司，一壺水，憑著年輕的本錢，時常與朋友相約在星期假日，參加山岳協會，開始練爬圍繞在台北四周的郊山。一來可以與山友健康聯誼，另外也可以幫助女孩子們，拉著雙手爬上險峻岩石，展現一下男孩子的英勇；或涉水過溪時，輕扶著小手小心翼翼通過，顯示溫柔一面。皇帝殿、筆架山、大屯山、七星山、合歡山……都有我的蹤跡。

六〇年代謀職不易，職場競爭激烈，在那役男出國尚須警備總部境管局核准的年代，搭飛機出國乃是人生大事。

為向公司爭取到日本受訓機會，公費研習、出國又可搭飛機，一舉數得吸引之下，例假日、平時夜晚全心投入工作，以取得出國受訓資格，只好放棄登山。登百岳之壯舉，多年來僅留在計畫與夢想階段。只能偶而到住家附近的象山摸摸象鼻，過過乾癮，到九五峰吸吸芬多精，提提神。

攀登玉山
邁向高峰

台北一〇一大樓高五百零八公尺，是台北地標，曾經是全世界最高大樓的金氏世界記錄者，裡面立體交通工具……電梯，以每分鐘上升一〇一〇公尺極超高速度，在二〇一〇前是世界第一高速電梯，雖是日本東芝產品，但因裝在台北，也有台灣的技術參與，算是台灣之光。大樓每年五月都會舉辦「台北一〇一垂直馬拉松」競賽。

健康不是喊喊就有，必需設定目標鍛鍊身體。遂效法台北一〇一大樓，發起【健康一〇一】活動，意謂著每個人要有健康的身體，像台北一〇一大樓挺拔聳立。在人生舞台，人生要有幸福，必先有健康身體，才能過快樂生活。

圍繞著台北市河濱自行車道總長有一百一十二公里，串聯二十八座河濱公園，行經淡水河、基隆河、新店溪及景美溪等四大系統，河岸景觀與特色都經過專家設計，有濕地也大草原，自然與人工並存。如果再與新北市自行車道相加總長有二百五十公里，依據自行車業者統計，台灣平均約四人就有一台自行車（有的一人有二～三台），騎車休閒兼運動人口眾多，台北市在河濱有十個自行車租借站，每逢假日自行車道就塞車。

可惜台北因居住空間的關係，擁有自行車者不多，不能以騎車為訓練目標；台北一〇一是以高度勝出，若要舉辦爬台北一〇一大樓，可能參加者寡，看笑話者眾。應該是登山較符合健康一〇一的口號。【攀登玉山、邁向高峰】為遠大目標，以彰顯台北IMC的氣魄。

目標已定，接著商請時常以三十七歲自居，活力十足的蔡基成前

•健康一〇一玉山特訓開訓典禮

社長，也是我鐵馬環島夥伴擔任登山隊長，進行籌畫攀登玉山人員特訓、日期、路線規劃……等事宜，除了每月例行的登山散步活動，另行加碼A級登山行程。

開放報名之初，有自願報名者、有嘗試報名者、有被迫報名者、有陪伴報名者、有友情贊助報名者，總計有四十幾位未來英雄好漢，募集成績斐然。

從四月份開始訓練，先在碧湖公園河畔舉辦簡單開訓典禮，隨即繞圈熱身，讓已滲出少許銹味的關節，先滴上幾滴潤滑劑，活動活動筋骨。

繞圈結束後還到蔡基成大隊長家以激勵士氣為由，行享用蔡大嫂準備的新鮮水果大餐、嚐嚐簡祕書長精心熬煮紅豆湯為實，以高規格享受先攏絡人心展開序幕，期能誘引更多人聞風報名。

登高必自卑，我們先後去過內湖劍南路縱走碧山巖，過白石湖吊橋；由北投清天宮直上面天山，經向天池再回清天宮；上到海拔一千一百二十公尺有台北第一高峰之稱的七星山主峰；東峰海拔雖只有九百公尺，但落差卻有七百公尺的急升坡。到宜蘭五峰旗聖母山莊（現稱抹茶山）挑戰自己體力，山頂強勁的東北季風，讓人必須彎著腰壓著帽子奮力前進。

經過多次考驗，留下來的好漢腳力越來越強，體力也越來越壯，這時再次上觀音山硬漢嶺已變成如上丘陵般輕鬆，軍艦岩如跨過一個小山崙容易。甚至遠赴合歡山東峰與主峰，除測試有否高山症以外，順便驗收訓練成果。

訓練漸漸加重，人數也漸漸減少；也沒有水果、紅豆湯的激勵，士氣卻越來越高昂。

女士們在炎熱夏天，不再躲在家中吹冷氣，去百貨公司血拚當貴婦。跟著鬚眉拉繩攀索，登上陡峭岩石，走在光禿山脊，穿梭在叢林之間，絲毫不遜色。往上爬的喘息聲，漫步在緩坡的歌唱聲，急降坡的歡呼聲，是我們訓練的背景音樂。

激揚的士氣，自信的體力，還有二十八位勇士參加集訓。我們決定加長里程，單次訓練時間延長至十小時，以增加體力、耐力、腳力。於是進階到石碇筆架連峰、深坑猴山岳、三芝竿尾崙山……等稍高難度的郊山。

尤其三芝竿尾崙山古道，縱走小觀音山，下大屯溪古道，由三百公尺一路仰攻到一千零五十公尺，比宜蘭礁溪的聖母山莊更艱難。當天下著毛毛細雨，路面鬆軟路滑，必須緊抓著兩旁細樹枝，才不會「倒退嚕」，到山頂稜線前，還得花一個小時，穿過一大片比人高的箭竹林，好像電影毫芒人穿過一大片草原，也像小時候在甘蔗園裡捉迷藏

・辛苦的代價，登頂的喜悅

・沉醉於芬多精薰陶的貴婦

・筆架山午餐

一樣，體溫在細雨與強風環伺慢慢下降，體力迅速流失，不得已躲在箭竹林內吃兩片土司補充體力。

經過十個小時的奮鬥終於下山到大屯溪，由大屯溪古道縱走出山，要來回橫越溪流七次，歷時一個多小時，有時要涉水，有時要扶繩過溪，全身濕透。抵達山下，登山鞋及小腿褲管，在溪流中清洗十幾分鐘，才把汙泥清掉，回到家洗澡時，才發現內褲內衣都是汙黑的。

這是一趟耐力與體力的奮鬥。

國際工商經營研究社（簡稱ＩＭＣ）聯合會一〇一年由嘉義社輪值主辦，理事長黃枝瑞先生鑒於阿里山、玉山都是嘉義特色景觀之一，也提出「攀登玉山、邁向高峰」口號，我為了不要分兩批人員，分別參加台北社、聯合會上山，讓保持隊伍完整性，決定與聯合會共同舉辦。

玉山海拔三千九百五十二公尺，台灣最高峰，也是東亞第一高峰，比日本富士山的海拔三千七百七十六公尺還高。一八九七年日治時期，明治天皇諭令將玉山改為新高山。一九三七年十二月二十七日成立「新高阿里山國家公園」，台灣光復後改為「玉山國家公園」，一九八五年成立「玉山國家公園管理處」行政區域涵蓋嘉義縣、南投縣、高雄市以及花蓮縣，行政管理劃分在南投縣。

玉山峻拔聳立，景色秀麗，百岳之首，每年吸引大批愛好登山者挑戰，玉山管理局為了讓登山者有個美好登山空間，保護生態，維持玉山獨特風貌，排雲山莊一百一十二床位，二〇二〇年開始，單攻者每天總量限定六十人進入玉山。

聯合會預計分三梯次出發，總報名限定一百零一人，搭配民國一〇一年主題。依照各社社員人數與總人數比例分配，台北社只有十位配額，尚缺十八位，要淘汰十八位苦心訓練的勇士，實在是很殘忍的事。

‧穿過箭竹林

‧箭竹林體力補充站

身為社長應該設法解決這個問題，於是使出渾身解數，用讚賞、威脅、哀求、協商……等方式，祈求各社社長能割愛或施捨一些名額。主辦單位嘉義社楊茂長社長是我首要拜託目標，選個黃道吉日，帶個「歐蜜阿給」（おみやげ），專程到嘉義拜訪，結果凹到十個名額，把他的壓箱預備名額幾乎都拗來了，楊社長真夠意思；黃枝瑞理事長見我如此支持此活動，請我上五星級餐廳飽餐一頓，此趟行程還真划算。

剩下八位名額就看其他九位社長能割愛多少，我的如意算盤又開始打，如果各社割捨一位名額就夠了，如果有的社割讓二個名額，那我更划算，如果哪一社報名人數不足，全給我那我更是賺到。

經過多方拜託，最後只要得五位名額，經與隊長、理事、祕書長開會決定，淘汰掉三位體力、腳力較差的隊員，剛好二十五個名額。

八月底，主辦社楊茂長社長來了一通電話：

「玉山的排雲山莊由於包商與玉管處官司還未了，十月底無法開放，必需單攻。」

晴天霹靂一句話，讓我如墜入深坑。

萬年山、千年樹、稀有百年人

登山人士常用「攻頂」一詞，表示將高山攻下來，用「征服」表示把高山踩在腳下，意謂著把桀傲不遜變幻莫測的山馴服了，用「挑戰」表示向大自然宣戰，這是對山的褻瀆，我不敢用這幾個名詞。

山一直在那裏，不曾移開。有萬年山、千年樹、稀有百年人，山能容萬物，如大地是萬物之母，水納百川。

登山者只能用體力、毅力、耐力登上山頂，它讓你短暫休憩，終究還是要下來回到紅塵。山還是山，雲照常環繞著山頭嬉戲，山並不因你的離去而崩裂，雲並不因你的造訪而飛散，怎可用「征服」二字來藐視？

對於山，我總是以一種敬畏之心，崇仰之情，去親近它，我總是說爬山「登頂」，休想去「征服」它。

攀登玉山，目標是主峰，到達主峰回程可以順道到北峰串一下門子。最常用的行程是三天二夜。

第一天由平地出發，下午到達玉山山麓，當晚在附近旅館或是東埔過夜，以適應高山氣壓，降低高山症發生機率。高山症與體力無關，視個人體質而定，最嚴重會致人於死，不可輕忽。

翌日清晨，搭車到達海拔二千六百公尺塔塔加遊客中心，在玉山管制哨辦完入山手續，然後搭接駁車到達玉山登山口塔塔加鞍部，開始走路爬升。很多人誤以為登玉山是從南投埔里的平地開始往上爬，那可能要增加二天時間。

由海拔二千六百一十公尺的塔塔加鞍部，經孟祿亭、前峰登山口、西峰下觀景台、大峭壁，約下午二點前，到達海拔三千四百公尺的排雲山莊休息過夜，到此共八公里半。

此時，要等天黑睡覺尚早，要上玉山主峰又太晚。閒閒無事，體力還可以的話，卸下重裝備，輕裝順訪玉山西峰觀賞落日，腳程快的來回不需三小時。

第三日清晨二點半起床，用完早餐，三點半摸黑出發登頂，天氣晴朗，星星月亮照亮你的腳步前行，大家整隊出發，戴著頭燈，自行照亮前途，順著前人的腳步，一步一步往前，千萬不可超車，否則就可能掉入萬丈深坑，一去不復返；眼看正前方，勿低頭期望撿拾前人留下的金條，否則看到懸崖，腳抖得發軟前進不得。

由排雲山莊到玉山山頂約二千四百公尺，要走二到三小時。在山頂上照相，看日出逗留十五分鐘，隨即下山，因後面排了長龍。下山經排雲山莊循原路回到塔塔加鞍部搭車下山，到東埔溫泉泡湯開香檳慶祝。

玉山單攻，正確是二天一夜。簡單的說，由登山口出發到玉山山頂當日來回。這是給沒時間有過人體力人的行程。

第一天由平地出發，當天到達塔塔加遊客中心，在附近旅館或到東埔溫泉過夜。翌日清晨三點摸黑出發，徒步三公里到塔塔加登山口，星星月亮是否隨行？就看你的造化。

塔塔加鞍部登山口開始，經孟祿亭、前峰登山口、西峰下觀景台、大峭壁，天空從微亮到大放光明，上午十點半若未到達海拔三千四百公尺的排雲山莊，就要考慮剩於體力及時間，是否夠回程使用，否則得在森林中露宿過夜，聽狼嚎防熊抱。

到達排雲山莊共八點五公里，約需五個半小時，喝口水休息五分鐘，繼續趕路，休息太久肌肉會僵硬，後面行程會更難走。再走二個半小時到達山頂，拍張到此一遊勇士照。

高興別太早，上山就必需要下山。下山還是要靠自己腳力，「下山比上山難」大家應該都聽過，雖然少用些體力，但衝太快，可能會

「滾下去」，膝蓋也可能縮短使用年限。

太慢體力會耗損太多，安步當車最妥，經排雲山莊，依循上山足跡返回塔塔加登山口，還是要走六個半小時。玉山當日來回十四～十五小時。馬上趨車直達山下，也已過了晚飯時間。

忍痛放棄單攻

主辦單位一通電話讓我陷入愁城。當天下午我告訴了簡祕書長、基成大隊長，請他們將消息通知其他玉山隊員。果然得到了迴響，只是這迴響……

「單攻咧，很累的，要怎麼辦，要不要去，不知道有什麼好辦法，大家來想想……」晚飯後電話陸續響起。

「什麼叫單攻，單攻從哪裡上去……」這位老兄還搞不清楚狀況，但豪氣十足，反正就是爬玉山嘛！

「單攻！那要走很久，怎麼要安排單攻，我體力受不了，我不去了……」有人來電抗議，口氣嚴厲單刀直入，好像單攻是我一手策劃，我無言以對，只能聽訓。

「單攻就單攻，怕什麼……」真乾脆，感恩啊～～～

「單攻拍不到日出，去幹嘛！」說得也是。

接連幾晚我失眠了，整個腦袋亂哄哄的。偶而閉上眼也是噩夢連連，夢見隊友累得趴在地上的狼狽樣；過了十點半台北社尚未到達排雲山莊，全隊被強制折返的窘境；中途我被抬下山的糗態，耳中聽到友社的揶揄之聲：畢竟是台北來的天龍人……

我想到硬闖，但硬闖必須告訴所有隊友登玉山單攻的危險性。於是在北一大樓召開「玉山單攻可能性研討會」會議，會中針對群體體能，是否適合單攻展開討論。

野外休閒活動專家、休閒體育用品專賣公司董事長、目前擔任中華民國露營協會理事長的詹德生先生，雖快近七旬，也要參加此次玉山活動。他熱心的請來兩位高山嚮導，這兩位先生攀登國內外如玉山雪山等高山像走灶腳般頻繁。經過高山嚮導詳細解說，分析三二（三天二夜）與二一（二天一夜）之不同，對於玉山單攻更加了解，隨後進入群體討論時間。

「連續走十四～十五小時，這樣太累了，我沒有把握……」說話的是「每天萬步走，健康能持久」十年不間斷的基成登山隊長，再加上拉筋，早就練得一雙鐵腿。

挖浬咧！連他都沒有把握，還有誰有信心？

「爬山是快樂的活動，不要爬得那麼辛苦。」登山老手之洞兄亦如是說，眾人信心指數又下降一大截。

「請高山嚮導評量看看，我們這羣魯肉腳是否可以單攻？」我提議，議論紛紛的吵雜人聲，頓時靜音。隊員們以祈望的眼神望著高山專家，像是在大雄寶殿等待著大師父開示。

高山嚮導從進屋內開始，就用職業眼光觀察這群新手，此刻沒有說話沉思五秒鐘，輕輕的搖搖頭，唉！眾人信心指數瞬間蕩到谷底。

「我倒想去體驗看看！」哇！還是有勇士，感恩喔！回頭一看，原來是慶松兄輕鬆的說。

最後決議台北社退出ＩＭＣ聯合會玉山單攻活動。但為了龍頭社的顏面，不要被認為天龍人都是肉腳，我堅持台北社不能缺席，於是除高慶松外，另情商蕭博徽及林西東勇腳的友誼相挺，代表台北社參加，非常感謝他們情義相挺。

鍥而不捨

健康一〇一的玉山隊員在練習大半年後，竟要如此草率結束，身為社長的我豈可讓隊員們的汗水白流。

想想在大熱天，這些貴婦小姐們寧可拋棄百貨公司的冷氣，犧牲享受下午茶的悠閒時光，跟著男人們揮著汗水在叢林中穿梭，不顧美白肌膚漸漸變黑，為了只是要圓深植在內心的一個夢，那個也許靦腆、從不敢奢望有的夢，現在不但有夢，而且快要實現了，突然要他們放棄，這是何等殘酷。雖然她們沒有任何怨言，但我可以從她們的臉上，讀出那種失落感。

排雲山莊外尚有圓峰山屋可住宿，但只有二十一個床位，必須抽籤，中籤機率只比中樂透稍高，為了隊員的夢想也要試試。佩樺建議我嚐試其他辦法，幫我找人脈，於是盡可能列出有關係人士的名單，救國團、立委、縣政府……只要能幫得上忙，管他是藍還是綠，拜託他們幫忙解決住宿問題，每一位被我及佩樺拜託的人，都熱心的幫忙聯絡，可惜回答都是否定的，一副愛莫能助的樣子。

登玉山練習並未終止，佩樺與我仍在找尋關係，我們還是依照原定計劃到合歡山主峰、東峰作高山訓練，順便測試是否對高海拔氣候反應。也許玉管處會忽然宣布排雲山莊與包商問體已解決，一個月後開放，但這是一件卑微的期望，實現的機會比中樂透頭獎還渺茫。

高山症，或稱高地綜合症、高山反應、高原反應，是人體在高海拔狀態由於氧氣濃度降低而出現的急性病理變化表現。根據國外的研究報告指出，超過二千四百公尺的高度即可發生高山肺水腫，超過二千七百公尺的高度即可發生高山腦水腫；急性高山病則是到三千公尺以上高山旅遊常見的病症。高山症發展成肺水腫和腦水腫嚴重時可致死。

高山症通常發生在快速上升海拔高度的登山活動，每個人不同體質，及個人體能訓練程度有關，因此多可由較慢的提升高度來預防，或服用藥物克服。

其症狀包括運動能力變差（常為最早出現症狀）、噁心、嘔吐、全身虛脫、胸悶、頭昏、休息時仍喘不停、無法行走等。大部份的高山症病患，症狀常只是暫時性的而且常在身體適應後解除症狀。若症狀越來越嚴重時，不要勉強上山，立即下山到低海拔處即能解除。

到海拔三千公尺以上高峯測試本身體質是否有高山症，合歡山是個理想的快速測試場所。因為不用從山下開始爬，直接開車上去即可，若身體發生不適，可以立即搭車下山。而且若有發願爬百岳者，到這裡可同時登合歡山主峰、東峰，及石門山三座百岳，一天就剩下九七座。

由南投埔里開車到合歡山武嶺約一個小時，急速上升到海拔三千三百公尺的武嶺，若身體不適，下車就會有呼吸急促，頭暈的高山症初期現象。

下車若身體一切無恙，還要經過二個小時以上的登山測試。

從停車場走到合歡山主峰，主峰三四一七公尺坡度平緩，四十分鐘左右就到達，對要爬高山者而言，太輕鬆無趣，沒有什麼成就感。回到武嶺停車場，開車沿著公路走到合歡山遊客中心，由廁所左側小路前進，松雪樓後方，取第二登山口直上合歡山東峰。

東峰海拔三千四百二十一公尺雖只比武嶺高一百四十六公尺，但山路陡峭直上，抬頭仰望，山頂猶如在天際，上了一坡以為到頂了，沒想到還有新的一坡，到底爬了幾坡才到山頂我已忘記。不過我體會「人外有人，天外有天」這句成語在此得到印證。到達東峰山頂遠眺綠草如茵的合歡山群峰，矗立眼前的奇萊山群峰，你只想歡呼吼叫，那恭喜您通過高山症的考驗。

如果有高山症，在上東峰半途就會發生，回頭下山，對於周遭美景更無心欣賞，遑論雀躍吼叫。東峰下來回到合歡山莊，在觀景台下方上完廁所，此時到石門山（也是百岳之一）走一趟十五分鐘，就好像吃飽飯，再來一片西瓜的輕鬆。

全部經過合歡山高山症考驗後，登玉山的管道，尚無任何音訊，嘉義社一直催促著單攻名單，正在一籌莫展煩惱之際，簡蕙慧祕書長忽然拋出一句話。

「吓！別鬧了，嘿是啥咪碗糕？」

我以為她看我在發愁，想要逗我開心，所以沒好氣的回答，想不到卻是關鍵的一句話。

神山散記

II

山不轉路轉

登玉山的管道，尚無任何音訊，正在一籌莫展煩惱之際，簡惠慧祕書長忽然拋出一句話：

「去登神山！」

「嚇！別鬧了，神山是啥咪碗糕？」

我以為惠慧祕書長看我在發愁，想要逗我開心，所以沒好氣的回答。

「神山位在馬來西亞的沙巴州，高度四千零九十五公尺是東南亞第一高山，也是愛好高山者必訪之地。」祕書長耐心的解釋。

回到家，我立即打開電腦 Googol 一下，在馬來西亞神山公園官網詳細記載……巍峨的神山，位於舉世知名的世界大自然遺址神山公園範疇。熱愛大自然的人士，將會為了能夠在神山不同的高度，發現生長著眾多不同種類的植物花卉，而歡欣振奮。

高聳的神山，是喜馬拉雅與新幾內亞之間最高的山峰。在地人稱作京那巴魯山（**Kinabalu mountain**）的神山，名字的來源是取自嘉達山原住民的語言「**Aki Nabalu**」，意思是崇敬祖靈的地方。它是世上最安全與最容易攀登征服的山峰，只要您的健康和體能狀態都沒問題。

詳細瀏覽有關神山的網站說明，包含馬來西亞沙巴州神山國家公園官網及台灣登山界、旅遊界，並請教登山協會曾登過神山的先進，得到的結論。

東南亞高山中，神山高度位居第一，名氣在國人印象中雖然沒有玉山、富士山來得響亮，但在世界高山名錄及台灣登山界裡還是赫赫有名；富士山每年只開放七、八這二個月，十月份富士山皚皚白雪漸罩山頭，九月時早已封山，山上小屋都打烊不營業，下次開門是明年七月一日，此時不可能轉戰富士山。

神山位處赤道附近，終年山頂無雪都可攀登，山頂最低溫度為攝氏五度，是登山界公認最安全的高山。

由簡祕書長召集四人小組，審慎評估檢討「轉登神山可行性會議」，經過二個小時熱烈討論，最後我們決議：

「去神山吧！除了登山組，我們可增加打球組、貴婦組共三組，健康打球兼休閒，人多熱鬧好玩。」

因為馬來西亞將神山周邊劃為神山國家公園，又是聯合國教科文組織列定世界文化遺產，有觀光價值，公園裡有十座美輪美奐的高爾夫球場，可打小白球，有湍急溪流可泛舟，有湛藍海水可乘坐遊艇奔馳，又有美麗小島可供度假。

還有當打完小白球時，或完成攀登高山壯舉凱旋歸來時，在充滿羅曼蒂克房間裡，散發薰衣草淡淡香味，角落輕輕飄出柔順音符，身材曼妙按摩女郎身着清涼，幫你抹上帶有玫瑰幽香的精油，揮動靈巧雙手，溫柔的在你周身來回輕柔滑動，舒緩肌膚，讓你通體舒暢的舒壓按摩，一天疲勞頓時消失無影蹤，攀登高山痠痛的雙腿瞬間消除。

還有……無數的還有，無數的遐想，總之計畫推出後獲得好評，報名人數已達九成。

但最大的困難是登神山有名額限制，且要半年前預先登記，我希望十一月中旬出發，計畫定案到十一月中只剩二個月餘，是否能取得進入神山門票，實在沒有把握，這個緊要關頭，惠慧祕書長立即發揮通天本領，找來一位自稱沙巴王子的小林，不到二個星期立即取得十六位登山名額，及山上小屋十六個床位，真是「有關係就沒有關係」。

連同旅行社的嚮導小林先生共三十八人，出發當日清晨從桃園國際機場第一航廈，搭乘馬航直飛東馬沙巴州的亞庇國際機場。亞庇是沙巴州首府，馬來語 Kota Kinabalu 簡稱 K.K. 離市區約十公里，車程十五分鐘。

桃園國際機場第一航廈正在修整，這座在一九七九年二月啟用的機場，原名中正國際機場，二〇〇六年十月改為現名，英文仍稱 **TPE**。改名係因應時代潮流，本就不足為奇，明明早就計畫好的，順理成章交給交通部即可，當時總統非要把她搞得像政治事件，神祕兮兮的製造對立。

桃園國際機場啟用之初台灣尚在戒嚴時期，機場進出人員寥寥無幾，記得我在民國七十年第一次出國，時值二十八歲青年，奉公司之命到日本研修二個月。

生平第一次出國，看到日本在二戰後被美軍轟炸得滿目瘡痍的城市，在日本人精益求精，不放過每一細節之工作精神，三十年的重建，迅速將國家再次推擠進入國際前茅，街道整潔，現代化建築，大城市地鐵錯綜複雜，當年城市面貌超過台灣二十年，內心五味雜陳感慨良多。

回國時在空蕩的行李輸送帶前，聽到廣播撥放「莫等待」軍歌，歌詞內有

「……我們不能再做夢，我們不能再發呆，自己的國家自己救，自己的道路自己開……」

當時退伍只有六年，年輕氣盛滿腔熱血尚存胸懷，恨不得能再次入伍為國家多盡心力。

如今，開放觀光、解嚴、兩岸開放、國際化、地球村……等概念漸趨開放，出國旅遊、商務成為家常便飯。桃園機場啟用三十三年來，作為國家第一大門，接待過無數遊子返鄉，也接待過無數異國觀光客、商務人士；當然在戒嚴時期也拒絕無數為台灣民主，奔波海外的愛國人士，許多纏綿悱惻的愛情在此發生，她見證了許多歷史。

三十年前的建築，早不敷現在國際往來頻繁的旅客需求。老態龍鍾的建築物，無法容納日新又新的科技設備。就像歐洲許許多多十八世紀偉大巴洛克式或哥德式建築，外表雄偉且具歷史的教堂或宮殿。她的外表只能供觀光客觀賞讚嘆，現代化設備空調、網路、電梯……卻得東遮西掩，以免破壞被時代侵蝕的脆弱結構。

機場是國家大門，建築物應該讓初抵台灣的國際觀光客，有眼睛為之一亮發出讚嘆聲的感覺，也讓歷次出國歸來遊子，駐足觀賞的亮點。台灣地小人稠，無法覓地重建，三十幾年的老舊建築不是百年古蹟，該敲掉重建就該重建，讓嶄新科技注入新生體內，才能活化新生機能。使國家大門更為寬敞，國際人士踏進門，就發出讚嘆聲，遊子返鄉時更為歡欣。

九〇年代，中國改革開放初期，到上海考察，有一天我必須搭夜車到寧波，半夜子時到上海車站前，廣場景象以為是抗議場面，讓我躊躇不前。

深冬夜裡，在車站外，裹著破舊棉被席地而睡的群眾，一簇一簇，像逃難人群佈滿廣場。車站大廳前，用粗大木柵欄圍著，只留下一個門，一個身材肥胖大媽把關，讓持有車票的人進入，有未持車票的年輕人企圖闖關，大媽眼明手快，大手一抓就甩出門外，闖關著永遠無法得逞，頗有「一娘當關萬夫莫敵」之氣慨；人群因有人被捻出產生的空位，立即有人迅速插入，所以排隊等著擠進窄門的旅客，必須前胸貼後背，成為一條看不見尾端的扭曲人蛇，緩慢朝前移動。

計畫永遠感不上變化，台灣公務員永遠在待命，當大陸觀光客大量湧入時，才想要修整。諾大航廈因為整修關係，只剩半座供使用，整修中的桃園機場，擁擠紛亂人潮，好像顯微鏡下的變形蟲，困難的朝 X 光檢查閘口蠕動，堪比大陸春運亂像。

工程如牛步，品質如豆腐渣，何夕我們才有寬敞之國家大門？

登高必自卑

經過三個多小時的飛行，終於到沙巴亞庇國際機場，一下飛機就感受到沙巴「熱」情的太陽，真的是熱、熱、熱～～～

團員分乘兩部遊覽車，一部是搭載二十二人的貴婦組與打球組，另一部是乘坐十六人的登山組，我們先在市區的「ナギサ日式料理店」用過中餐，先行適應此地氣候，接著前往參觀沙巴州政府大廈，高聳的圓柱型建築，張大師幫我們拍了張團體照，接下來兩人一組，四隻手心向上，以州政府大樓為背景，拍了變異照片，如同將圓柱形大廈捧在手心上。熱氣從地表向上烘烤，熾熱的太陽曬得大家不敢久留，拍完逃難似的奔回車內。

離開圓柱形州政府大樓，遊覽車開上主車道，溶入車流。忽然有人發現另一部車往市區方向駛去，以為我們轉錯方向，緊張的告訴當地導遊，才知道貴婦組與休閒組已與我們在此分道揚鑣，享受渡假樂趣去了；落寞的感覺頓襲心頭，車內空氣瞬間凝固，熱鬧氣氛瞬間蕩下來，神山組的勇士們雖然已受過訓練，心理早有準備，畢竟新手登山，此時難免顯得有些憂心。

車子慢慢以之字形往山上開，途中下起大雨，氣溫驟降，今早大家清晨四點就起床，有人甚至一夜興奮的睡不到三小時，地陪正在介紹登神山注意事項，成為嗡嗡作響的催眠曲，相繼進入夢鄉，將近二小時後終於到達神山公園總部，這裡海拔一千五百六十三公尺，氣溫不到攝氏二十度，相當於清境農場海拔，很難想像二個小時前，攝氏三十幾度的太陽曬得人要出油，現在卻得穿上薄夾克禦寒。

在神山公園總部辦好明天大清早的入山證，再換上二輛九人座小巴，每人一身重裝備加上大型行李，把上了年紀的小巴壓得吃緊，爬起山來氣喘吁吁。每到髮夾彎處，駕駛努力重踩油門，爆出聲響，噴出幾股濃濃黑煙，才心不甘情不願的向上走。我真怕老爺車中途罷工不走。

約經過半個鐘頭，終於來到馬西勞登山口的馬西勞大自然渡假村，這裡海拔二千公尺，比阿里山高度稍低；明天一大早我們將在這裡開始台北IMC攀登海拔四千多公尺的神山壯舉。

我在桃園機場免稅店買了兩瓶威士忌，是要在神山登頂凱旋歸來時慶祝用。在陰錯陽差未說清楚講明白之下，其中一瓶被帶到登山口，為了減輕重量，並激勵士氣，眾勇士一致贊成當晚解決，順便求一夜好眠。

也許是威士忌的催化，也許是從台北到馬西勞渡假村（神山另一個登山口）一天的奔波，一夜好眠。清晨醒來，走出室外。耀眼的陽光，涼爽的空氣撲面而來，伸長手臂用力伸個懶腰，驀然發現神山山頂就在眼前。直覺，今天的好天氣，就是老天爺賜給我們。

用畢早餐，我把帶的營養補充劑分給大家，每人又各自吞下自備的營養補品，預防高山症的紅景天、威爾鋼、丹木斯（diamox）……都出籠了，總之一定要把自己身體調適到最高點，深怕半路敗陣下來，功虧一簣，遺憾終身。

早上八點鐘，三位高山嚮導來了，高山嚮導要求將十六位隊員分成二小隊，第一嚮導在前領隊，第二嚮導在中間，第三嚮導押後，但我強烈要求隊員們都要在一起不要分散，實際上還是一大隊。

起登前，有人忙著打包隨身行李交給挑夫秤重，有人緊張的頻頻上廁所、有人還在裝水……大家都是新手，初次登四千公尺高山，內心期待又有點想逃避心理，心情很複雜。

依照慣例，大家做完熱身操，團員們圍著圓圈，伸出右手用力喊出「加油！加油！加油！」聲中，第一嚮導依斯曼先生打開八〇公分寬的入口小鐵門，正式揭開台北ＩＭＣ探訪神山序幕。

過了小門，原以為是羊腸小徑，沒想到路還算寬廣，只不過迎面而來的是條石頭大坡，金黃色陽光穿過樹梢灑下來，天氣晴朗，依照平時訓練，一步步踏實向上走。

為了要緩和緊張心情，有人開始講笑話打破沉默，其他人有一搭沒一搭的陸續加入「練肖話」，葷素不拘，男女皆宜，就這樣糾結的心漸漸散開，腳步也輕鬆起來，不到五十分鐘就到達第一公里休息涼亭，依斯曼宣佈休息，喝水、上廁所。

大夥拿出水壺補充水分，為了減輕負擔，沒有人攜帶水果，不像平時社內登山活動，走不到三十分鐘，就有社友拿出香甜水果分享大家。

臨行前考慮到負重及高山症問題，特別叮嚀張大師不要帶大照相機，不要為大家拍照，專心爬山，欣賞美景。張大師也不閒著，拿出他的專業，立即找尋最佳角度，以神山頂為背景，各個擺出最佳姿勢留下回憶。

有人要上廁所，可是找不到廁所，身處異地，又是聖山，不敢任意便溺，以免觸怒聖靈或被罰款，小心翼翼的詢問依斯曼廁所在哪裡？「前面路上，男的先去，好了，女的再去。」依斯曼操著濃厚馬來腔的生澀華語，手指著前面轉角處。

原來是利用最原始的方式，來自上天回歸大地的野戰廁所，男的上完後，由男的把風，再換女士，這招在台灣的山上就常使用，看來到了山野裡中外皆同，女士們早已習慣並不扭捏。

我找了一個稍微隱蔽位置舒適解放，正當我暢快的把早上喝的水釋放之際。一條通體翠綠小蟲，長約三公分，沿著眼前樹幹快速爬行。像苗栗鄉下樹林間俗稱「救蟲」（台語）的小蟲，我驚訝於在二千二百公尺高山也有此小蟲。

童年，在苗栗談文鄉下，家在縱貫路旁的半山腰，門前一哩外是台灣海峽。地是別人的，房子是阿公在二〇年代，挖取埤內黏土建造的「土角厝」，泥土加上稻草用人工攪拌，每塊土砌成一尺見方、厚十五公分的角塊，置於蔭涼處風乾，屋柱、牆用土角堆疊而成。屋頂蓋茅草上覆蓋瓦片擋雨，冬暖夏涼。

厝後是一大片相思樹林，屋前曬穀場邊有幾叢竹林。冬夜，夜黑風高，海風吹得竹林沙沙作響，竹叢如同倩女幽魂內的姥姥揮舞著雙手，煞是恐怖。

夏初，相思樹林開滿圓圓小黃花，蓋住舟狀綠葉，滿山遍野，微風拂過散放出陣陣香氣。相思樹是窯燒木炭最佳原料，小圓花招滿了金龜子，也招來無數毛毛蟲，這種毛毛蟲不是會蛻化成蝴蝶或飛蛾的毛毛蟲，身體金黃鼻紅色有劇毒。

若掉到曬在屋外的衣服，晚上洗澡前，內衣褲必須仔細檢查，毛毛蟲是否黏在上面，若是不查穿上衣服，毛毛蟲毒液超強，碰到皮膚立即紅腫，痛癢難當，數天不退；在野外不小心掉在身上，必須小心翼翼以樹葉引開，切勿用手彈開。

竹葉上或樹幹上，有一種昆蟲通體翠綠，四毫米直徑，長三公分，前行時，後面對足前推，身體弓起，如「Ω」歐米茄符號，前面對足再向前移動。身體弓起台語叫「ㄐㄧㄡㄩ」，與台語「救」音相似，每次看到此蟲阿嬤都會說「救蟲不要救人」。

阿嬤清光緒人，從小在鄉下長大，搬到台北前，最北到新竹府城隍廟拜拜，最南到彰化八卦山的女兒家，大字不識一個，阿公的職業以現代術語來講叫木炭達人。鄉下家貧，時常受到族人奚落，阿嬤是否有感而發，或隨口說出，小時不懂也不會問。

長大後，由一個單純的上班族，到獨立經營事業，難脫不了工程師的耿直個性，社會關係、人際關係，一路跌撞，對人情世故、世間險惡，經歷越來越多，漸漸體會到阿嬤說的「救蟲不要救人」的道理。

巍峨高山
我來朝聖

神山國家公園（Kinabalu National Park），於二〇〇〇年十二月正式被聯合國教科文組織列入世界自然遺產。神山公園原是作為植物與動物調查研究之用，近年偏重於旅遊上。即使不是要登上神山山頂，也可以購買門票進入神山公園遊覽，但只能走到三公里處，必須趕在下午三點半以前回到入口搭接駁車下山，否則只得在神山內過夜，到翌日開門。

神山原名Kinabalu mountain，名字的來源是取自嘉達山原住民的語言「Aki Nabalu」，「Aki」，是祖靈之意，「Nabalu」是山，是祖靈之山，意思是崇敬祖靈的地方。

又有「中國寡婦山」之稱，相傳古代中國廣州兩兄弟因捕魚遇到颱風漂流到此，被當地酋長救起，兩兄弟的船已沉入海底，歸期無望，只好每日教當地人捕魚。

哥哥在家鄉已有家室，弟弟是單身。酋長兩個女兒身材姣好貌美，只是皮膚稍黑，對兄弟倆捕魚技術非常欣賞，時常噓寒問暖，兄弟倆面貌俊美，早已捕獲芳心，在孤寂無聊之下，便各娶一人為妻。

幾年後哥哥思念家鄉，稱要回去看看年邁爹娘，實則要回去探望家裡嬌妻，不方便將二奶帶上，言明兩個月後再回來，誰知回去就食言未再回來。哥哥駕著二奶幫忙搭造的小船，回到家有可能被大老婆限制出門；或船在海上迷航，飄到菲律賓小島，被當地土著收留又娶了三奶，總之，就是沒有再回來沙巴。

癡情的二奶天天到山上盼望，期望有一天老公的船在地平線上出現，以至終老，結局看官都知道。後人為紀念這段痴痴愛情，遂命名之。男子有此劣習，古今中外皆同。

‧出發！馬西勞登山口，海拔二千公尺。

據專家說，神山的地質是數百萬年前，在地下地殼運動時，冷卻凝固的超大花崗岩被推擠，約在一千五百萬年前漸漸浮上海面，經過冰河時期，造成山峰深谷，到現在還會長高，每年約長高五釐米，這可自山峰斜面土砂崩落及山頂岩面崩落得到證明。

真是服了它，我幾十年前就不長了。

攀登神山頂有兩條路線，可以由山腳到達位於海拔三千二百七十二公尺的拉班拉塔（Laban Rata）山屋，這兩條山徑在山腰的 Layang-Layang 叉路匯合。

神山公園總部辦登山證後，搭接駁車到登山

口直上，第一登山口，稱頂峰路線（Timpohon），路程稍短，難走，全程都是天然石頭山路，左邊山壁，右邊山谷，有高大樹木，沒有太多奇珍花木，短距急升，第二天登頂回來，我們走頂峰路線下山。

另一條馬西勞路線（Masilau），從住宿的馬西勞渡假村出發，有一條五千五百公尺長的山路與頂峰路線在Layang-Layang叉路匯合，這條路類似筆架連峰，長且陡，對經驗豐富的登山者，及蘭花愛好者很有吸引力，沿途風景美，多奇花異草，可以欣賞到蘭花、高山杜鵑、神山特有的桔梗花、鳳仙花科、牡丹……等等珍奇植物。我們由此登山，多了一張印有蘭花的彩色證書。

神山自低海拔的熱帶雨林，到中高海拔溫帶林、針葉林，孕育豐富動物與植物景觀資源。神山公園境內有將近千種的蘭花品種，在步道兩旁，隨處都可見不同品種的蘭花，花形特別，花色鮮艷，仔細瞧瞧，有時在一棵樹上就可發現五種蘭花，這些品種在台灣大都沒見過，對於喜愛蘭花的人應該到這裡好好研究。（註：來自神山官網）

馬西勞路線，隨著山形，忽而登高到山脊、忽而下到澗谷，潺潺溪水清涼澈底。登山路徑是雨水自高山宣洩而下的流水沖刷而成，水路呈不規則狀，沒有階梯，沒有人工刻鑿痕跡，唯有在常年充沛水量的溪流上，搭一條克難的吊橋跨越，或是過於陡峭易滑地段，釘小段木梯，神山盡量保持自然風貌呈現給山友。

過了四點五公里的路標不久，終於看到建在高地的涼亭，我們在此打尖用餐，此時已是下午一點。肚子早就飢腸轆轆，迅速撥開水煮蛋，撒上點鹽巴，一口咬下，感覺比五星級餐廳的美食還好吃，三口做兩口囫圇吞下乾扁難嚥的三明治。

用餐時間十五分鐘，餐畢立即趕路，不能休息太久，否則身體變涼，大腿肌肉僵硬，會寸步難行，回到剛開始登山狀態，身體冷卻後，再熱車要花很長時間。

●神山特有的特大號豬籠草，最大的可吞下老鼠。

不多久豬籠草陸續登場，小號的不談，有大號的豬籠草，還有特大號的，紛紛現身，有瓶身無毛的、長毛的、短毛的，蓋子長毛，獨居、家族群聚的一大片，看的目不暇給，不敢停下腳步，邊走邊看邊拍，深怕天黑之前無法到達拉班拉塔山屋休息。

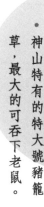

在國中生物課本有談到豬籠草，大小約五～六公分高可捕蚊蠅等小生物，我家附近有戶人家去年種了一盆掛在牆上，他家是否從此不用電蚊拍，我沒去問，到是蠻新奇。

根據植物學家的研究，世界上的豬籠草一共七十七種，僅僅分布在中國南部、泰國、馬來西亞、印尼、菲律賓、斯里蘭卡與馬達加斯加島這幾個地區，其中百分之七十都生長在高海拔地

蒼勁有力的大自然松林盆景

休息是為了走更長的路

興奮的張大師

區，光光是婆羅州島上就有三十種之多，神山就有二十一種，各品種尺寸大小及顏色都不相同，小的只約三公分，最大有十五公分以上，色彩繽紛，聽說可吞下整隻老鼠。

山路明顯爬升，霧氣漸漸攏罩，轉角有棵蒼勁古松矗立在岩石上，在前帶路的高山嚮導依斯曼，踏著輕鬆步伐，背包披著一條紅色小飛俠雨衣，在山風吹拂下輕輕飄起，朦朧中，宛如楚留香（鄭少秋飾演、唱）獨自在靄靄霧氣裡，唱著那首膾炙人口的主題曲，飄然而去的情境，壯闊中帶點淒涼：

「湖海洗我胸襟，河山飄我影蹤，雲彩揮去卻不去，贏得一身輕風，塵沾不上心間、情牽不到此心中，來得安去也寫意，人生休說苦痛，聚散匆匆莫牽掛，未記風波中～～英雄勇，就讓浮名，輕拋劍外，千山我獨行不必相送，啊……獨行不必相送。」

終於來到與 Layang-Layang 匯合處，這裡有一大片又高又密的蛇莓，早期台灣鄉下田野到處可見，酸酸甜甜的，小時候鄉下沒錢買水果，這是最佳臻品，看到必食之，自從大量農藥進入農村後，田野間早就絕跡，蛇莓偶在台北雜草蔓延的郊山可看到；難得在二千九百公尺高山發現蛇莓，莫非此處真有蛇族出沒？

由頂峰登山口到 **Layang-Layang** 依標示牌係四公里，也就是說馬西勞路線終點五公里半已經結束，現在從四公里處開始計算，到六公里的拉班拉塔山屋只剩二公里，我們到達匯合點是下午三點，已經走了六個半小時，如果以此腳程估計只要再二個半小時就可到山屋休息。

沒想到這條由山頂雨水沖刷下來的步道，比馬西勞步道更難走。步道的石頭階梯長年雨水自然堆砌形成的，一階的高度約在四十公分，遇到更高的石頭得借助旁邊低一點的小石階，再用力把登山杖一撐，硬撐上去，整條山路坡度在六十度之間，對於腳短的我，確實更形艱難，隊伍中已經有隊友已經出現輕微高山症狀，行進速度漸緩下來。

經過一個小時來到五公里處的休息亭，神山公園管理處非常用心，由頂峰登山口上來，每一公里有休息亭，亭有命名，內有飲用水、廁所、擔架、座椅、該海拔的動植物介紹等。

此休息亭較寬廣，海拔已超過三千公尺，雲層就在腳下。往上可清楚看到神山英姿，往下俯瞰群山。

蔚藍的天空，漂浮著悠閒雲兒，彷彿看見神仙就站在雲朵上，創作一件件藝術品，我肯定他們最喜歡動物。神仙界裡，藝術品可以隨時改變，那一朵朵白雲，時而像溫馴的小白兔，忽然又變成威猛獅王，有的像老僧入定，隨風遊蕩，當然一定有如三太子一樣好動的神仙，不安靜的變化著，有朵五彩雲乘著夕陽姍姍飄來，那一定是美麗可愛的小天使乘坐的。

想到明天即將登上山頂，探訪神山神祕的家，大夥兒臉上不禁浮出笑容，張大師不顧己身有輕微高山症狀，看到大家興奮心情，趕緊選取最佳角度陸續替隊員留下美麗珍貴紀錄。

過了五點五公里處，海拔達三千一百四十公尺，眼前出現一大片松林，樹林經過百萬年吹拂，葉形偏向順風面，樹幹肌里分明，蒼勁有力，直立、曲折、偏斜姿態萬千，平時在花圃只能看到單株人工刻意彎折的盆景，這裡卻是大地創造的萬坪蒼松森林，蒼松天然成形，姿態各異，任您看個夠。

神山路徑圖（由沙巴旅遊局提供）

神山散記

III

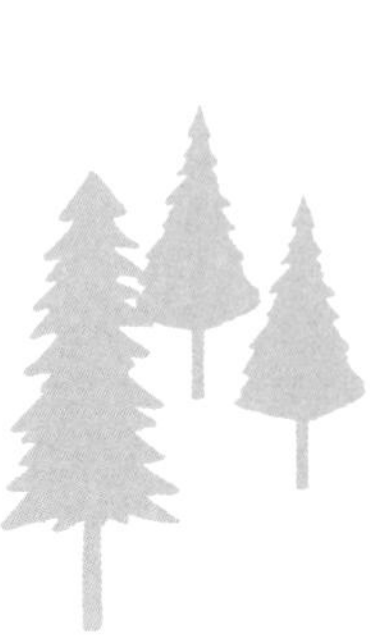

稀有的五星級山屋

剩下最後五百公尺，盤算著再半個小時就可到達，沒想到卻是最困難的路段。海拔已超過三千一百五十公尺，空氣明顯稀薄，山路更形陡峭，石頭也比前面的大顆。夕陽西下，天色昏暗，氣溫降到十幾度，從早上八點半出發，至今已九個小時，體力消耗得差不多，背上的背包越覺沉重，呼吸漸漸短促，爬升更為困難，每走二、三十公尺就必須休息一次。

巧克力、薑糖顧不得有幾大卡熱量，陸續塞進嘴裡，增加體力。但還是有人想甩掉背包，有人脫下外套衣服，有的想乾脆睡在路邊……休息次數增多，每次休息時間漸拉長，我想大家應該有輕微高山症現象，我的腦袋瓜也不太管用，忘記身上有氧氣筒，沒拿出來給大家打氣，直到隔天下山才看到掛在背包的氧氣筒。

押隊的第三嚮導，不時叮嚀不可休息過久，不可睡覺，催促前進，大家互相鼓勵加油，經過一個鐘頭的奮鬥，終於在下午六點半全部到達海拔三千二百七十二公尺的拉班拉塔（Laban Rata）山屋，享受熱騰騰的美食。

拉班拉塔山屋是被世界山友評為五星級的山屋，有暖氣設備，可容納百來人的餐廳，供應晚餐、清晨登頂出發前早餐、登頂回來的早午餐，薑母茶、咖啡、飲用水；洗澡用熱水（我們因太晚到達，熱水用罄，只能用山泉水擦身，還好天冷不洗也ＯＫ），住宿四～十人一間，一人一鋪。這些吃的用的，全是用當地挑夫一件一件用人力扛上來的，每項都辛苦。

累了一整天，明早半夜一點半起床，二點半出發登頂，晚上未到八點原本熱烘鬨的餐廳已空無一人，早早上床睡覺。

拉班拉塔山屋為兩層建築，有暖氣空調，一樓進門右側為餐廳，供應登山者熱騰騰晚餐及早餐。

山屋晚餐是歐式自助餐方式，供應六樣菜色，主食有白飯、炒麵，副食有炒馬鈴薯、蛋、時蔬及湯，自行取用，無限供應吃到飽，補充體力為主；還有袪寒薑茶，提神咖啡、浪漫紅茶，冷熱飲水，這些食材及燃料（瓦斯桶、汽柴油……）都是用人力一袋一袋扛上來的，不是用直升機，彌足珍貴。

入門的左側為住宿區，正面樓梯上二樓，二樓為住宿區，有男女分開的廁所、淋浴間。房間有四人房、六人房、十人房還算寬敞，在房內即可更衣，不必到衛浴間。

最大的享受是，每人都有個人床鋪，分上下鋪，每鋪獨立，可以伸展四肢，仰天長嘯，神佛臥姿、或伏擁大地皆可，睡姿隨意，舒爽

．溫暖的神山五星級山屋

就好，不會擠到隔鄰，床位也不會被侵佔；難怪拉班拉塔山屋會被國際登山客評為五星級的高山山屋。

房間用三夾薄木板相隔，只能遮住視線，無隔音功能，咳嗽、談話、翻身窸窸窣窣壓床聲，毫無隱瞞傳至鄰室，半夜有人起床夜尿，或想家轉轉難眠在走廊踱步都清晰可聞。

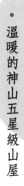

並非我喜愛偷窺，實則一夜未眠。疲憊的身軀癱懶在床上，腦袋卻嗡嗡作響，睡意全無，隔鄰六人，非常興奮，嘰喳談話聲清晰入耳。

盡量想要早早入睡，腦袋卻像撥放快速電影，一幕接一幕，有時重播，有時倒帶，有時還會跳針，重複播放相同記憶，當然也有加入IMC多年來的精彩畫面，還想到在山下等我們好消息的好友們。

感覺躺了很久，起床如廁，藉著微弱廊燈，看了一下手錶，才深夜十一點，在台北還未就寢。窗外漆黑一片，屋外滴滴答答猶似落雨聲，在寂靜高山格外清晰，如果下大雨，神山頂有可能封山，就必須回頭下山，所有辛苦、希望將化為泡影。不自覺雙手合掌置於胸前，內心暗自祈求上蒼：「**雨有下就好，不要太久，讓我們完成登頂夢想**」。

回到床上，睡意全無，眼睛張著斗大，未到起床時間，鄰房已有起床騷動聲，走廊腳步聲漸漸沓雜，我也跟著起床盥洗，一夜沒睡好，腦袋尚有一絲混沌，還好有舒適床鋪讓疲累身軀躺幾個小時，放鬆肌肉，醒來如同大力水手卜派吃到波菜，迅速恢復體力。

山屋的廚師群，準時在清晨二點鐘備好熱騰騰早點要讓我們享用，隊友們陸續下到餐廳，互相道早安，互相埋怨昨晚沒睡好，原來昨晚大家都未入眠，哪個房間半夜有人起床尿尿，哪個房間誰最早起床，都躲不過這些順風耳。

今天來自世界各地要到神山頂朝聖的所有英雄好漢，全彙集到餐廳來，頓時人聲吵雜沸騰，興奮的表情，卻也隱藏一絲不安氣氛。台北IMC神山隊員十六人無法共坐一桌，三三兩兩分散餐廳各處，我一一清點並照相留念，深怕有人尚在賴床，錯過出發時間。有人精神奕奕，有人兩眼無神，也有容光煥發充滿自信，沒有人打退堂鼓，我的心著實放下許多。

越靠近天 越感謙卑

緊張關鍵時刻終於到來，高山嚮導依斯曼召集台北ＩＭＣ全體隊員，檢查裝備，清點人數，安撫情緒，所有登神山隊伍都有神山國家公園指派的高山嚮導，即使一人獨自登山也不例外，高山嚮導群很有默契的帶領各自隊伍魚貫出發，秩序井然，並無爭先恐後的現象。

清晨二點通往羅氏峰的小鐵門打開，隊伍陸續出發，我們是二點三刻起登，連同高山嚮導群，全山將近二百人的隊伍，鴉雀無聲，默默往前推進，是擔憂還是興奮？除了衣服輕輕摩擦聲，偶有聽到厚重登山鞋滑過地面的聲音，或濺踏水聲。星星仍高掛天空，地上是乾的，昨晚聽到的滴答聲，可能是水塔漏水，也可能露水相約沿著屋簷滾落的聲音，害我空擔心一場。

滿天星斗，但照不亮登頂小路，全靠戴在頭頂的頭燈。我緊跟著依斯曼，其他人緊跟在我的後面成一路縱隊，隊長蔡基成先生居中指揮，中間與最後都有一位高山嚮導保護，在伸手不見五指的三千三百公尺高山，十六人緊挨在一起深怕走散。

四周烏漆嘛黑，感覺不出任何驚險，唯有每人頭燈發射出來的燈光，好像無數螢火蟲在飛舞，約過了一個小時，走過上千個階梯，一座高聳峭壁立在眼前，必須拉繩攀爬，氣溫越來越低，頭頂卻冒出熱氣。

「大大衣服脫下，戴手套，小心爬。」高山嚮導依斯曼操著濃厚馬來腔的生澀華語說道。聲音不大，蒼穹夜空下，聽來有其權威性。

依斯曼看大家氣喘吁吁的流著汗，體貼的叫大家暫時脫下厚厚登山羽絨外套裝入背包，攀岩時才不至於累贅。戴上棉質手套拉著兒臂粗的繩子，手腳並用攀上岩石，原以為拉到繩子應該離峰頂不遠了，沒想到還須奮鬥三小時才到羅氏峰頂。

這條沿著羅氏峰頂一路垂掛下來長又粗的麻繩，直徑與拔河用的粗麻繩相同，登山者在陡峭山坡，可以拉著這條白色粗繩攀爬，平坦之地，在一片廣大花崗岩之中，沒有任何可供辨識的指標，它成為指引登山者前進的地線。以免一時走偏，失足墜崖。下山回來才知道，剛開始攀爬的岩石，是在高聳岩壁中間鑿出一條只能容納一人通行的小路，若一時疏忽掉下去，小命或許可保，摔斷手腳在所難免。

路越來越寬，越來越平緩，晨曦光暈在岩石後慢慢擴散，大地漸漸明亮，此處不需拉繩攀爬，粗繩成為指引前進的地線，只要沿著粗繩向前走即可登頂，繩子卻好像沒有盡頭，一直向前延伸。

好裡加在！（台語，好險之意）每年十一月到翌年一月，是沙巴雨季的開始。今天感覺是超級好的天氣。下山後，聽導遊說第二天山上因下大雨而封閉，真是阿彌陀佛！

站在岩盤邊際，山風吹來，不自覺打個冷顫，趕緊穿上Gore-tex透氣羽絨厚外套，戴上毛線帽。離峰頂尚遠，但已在群山之巔，抬頭可見滿天星斗，遠眺雲海，俯瞰山下萬家燈火。

千年前，孔子興遊泰山，見到腳下群山疊巒，隨口說出：「登泰山而小天下」名言流傳千古，但那只是一千五百公尺的小山，當年孔子若有機會一遊台灣玉山，或大馬神山，看到這等巍峨高山，心胸更加寬廣，不知會發出甚麼流傳千古的名言豪語。

我是個凡夫俗子，我只好奇的想知道，晨曦下的萬丈紅塵，山下靜謐小村，柔和路燈襯托下，顯得格外溫馨，宛如世外桃源，對著通紅的太陽，我在心中默禱，祈願上蒼賜給人世間每個家庭都是幸福的。

在那溫暖幸福屋簷裏，是慈愛的媽媽起床弄早點，給小孩老公吃，準備開始快樂的一天；或兒子女兒已起床準備上學，而「阿爸跟阿母攏閣裡睏」，因為昨晚追劇到深夜。

• 忠誠的獅子王

又或小倆口為了今晚要先逛夜市再去看電影，還是要先看電影再去吃宵夜，爭吵到起床了還在冷戰。

在大岩盤上，坡度平緩，但高山空氣稀薄，走起來頗為吃力，氣溫更低，透氣的羽絨厚夾克早已穿回身上，天已趨明亮。

朦朧中，可見周遭粗繩由峰頂迤邐而下身影，岩盤上已無險路，我讓大家依各自腳程自由前進，相約在峰頂見。

巨岩是一大片花崗石組成，盤踞高山，一望無際，猶如月球表面，又像在無邊際的沙漠。右邊有兩大尊天然造型神像聳立著，如太極仙翁與仙婆拄著拐杖，慈祥的望著這群遠來訪客，保佑愛山的朋友健康平安。

巨岩左邊，側看是一隻威猛獅子王蟠踞著，它應該是埃及金字塔前的人面獅身的兄弟，也許當年法老王就是以它為模特兒打造的。獅子王前面是擎天的羅氏峰，那是我們的終極目標，獅子王趴伏在岩盤上向著巍峨的峰頂朝拜，忠心耿耿守護著牠的主人。

忽然一道曙光射入眼簾，我循著光芒望向東方，紅通通的太陽，在仙翁身後一躍而上，耀眼金光瞬間遍灑大地，我與佩樺的神情完全被那溫馴陽光攝住，內心澎湃不已，感動得呆立注視許久，心中默拜著、感謝阿波羅太陽神降臨，此時離峰頂尚有一段距離，但海拔已與玉山等高的三千九百五十二公尺。

我陪伴著佩樺慢慢往上走，空氣更為稀薄，昨日從馬西勞渡假村開始登山，花了十個小時，到拉班拉塔山屋。一夜輾轉難眠，從山屋到此已爬了二個多小時，佩樺滿臉倦容，體力一直在下降，她的環保鞋已脫落一半，舉步維艱，實在萬般不捨。

每次我辦活動，她都隨侍在側，當我最佳助理比我還忙。登山的日子清晨五點起來削水果，眷聯會兩天前就開始熬冰糖白木耳蓮子湯，端午節包粽子；玉山特訓為了照顧我，跟著我上聖母山莊，縱走筆架山，登上七星山從不叫苦，真是一位天下少有的賢內助，是我前輩子修來的福氣，不，應該是前幾輩子才對。

「After one hour forty minute……」押隊的第三高山嚮導走到身旁，用英文告訴我到山頂還有一小時四十分，極度疲憊的佩樺沒有聽清楚，我善意的欺騙她還有四十分鐘就到了，因她有聽到最後那句「forty minute……」。

就好像每次登山，下山者都會說：「**快到了！快到了！**」以鼓勵喘著大氣，舉步維艱的上山者，沿路可能會聽了二小時而還沒到達山頂。

終於我們來到羅氏峰下。高山嚮導依斯曼過來，好心的告訴我們：「**After one hour……**」，這次佩樺聽清楚了，她問我怎麼走了這麼久，還有一小時，聽來有點煩躁，我趕緊安慰她，您聽錯了是不到一小時。

羅氏峰（**LOW'S PEAK**）就好像座落在大岩石上的金字塔，頂端標高四〇九五點二公尺，為神山最高峰，金字塔接受獅子王的膜拜，獅子王忠心守護在側，千萬年不逾。

這個金字塔沒有階梯，錯落雜亂的石頭，無明顯路可上，雖不險峻，可也不容易上。沿著粗繩指示，時而手撐腳攀拾階而行，有時翻滾而上，間來段拉繩攀岩秀，看來路程不遠，卻花了個把鐘頭。

登頂剎那，佩樺鬆開因疲累而緊繃的臉，露出許久未見的笑容，那笑容無比燦爛，夫妻廝守三十幾載，這個笑容是我見過最燦爛最滿足的笑容。看到矗立在峰頂的木牌，看到鼓掌歡迎我們的隊友，望著眼前的獅子王，我眼眶泛著淚光。

站在四千餘公尺高的羅氏峰，有君臨天下之感，張開雙臂，心中滿足的深吸一口高山珍稀空氣，納至丹田，這純陽之氣，已吸收千萬年的日月精華，得之不易，我想大聲吼叫，但我沒有。

我只覺得，站得越高，離天越近，越要謙卑；只在心中激動的吶喊著：「到了！我終於到了！我終於到達夢想之地！」我乃一介凡夫，無至聖先師孔夫子之智慧，能脫口說出千古名言。

清點人數共十四位登頂成功。張大師有輕微高山症，詹董在出發前幾天，因工作關係太勞累了，為了不增加我們的困擾，在開始攀岩前，悄悄告訴押隊的高山嚮導就回到拉班拉塔山屋等我們，這種犧牲夢想，完成大我的情操，值得大家敬佩。雖未登頂，但他們也到了海拔三千四百公尺之處，也是勇士。

全員到齊後，趕緊拿出隊旗，在書寫著「TAMAN KINABALU LOW'S PEAK（4095.2 M）」木牌前，拜託其他山友幫我們拍團體照

．神山山頂留下回憶

．台北登山隊在神山羅氏峰大合照

留念，也幫個人留下紀錄。

清晨二點三刻由拉班拉塔山屋出發，經過四小時七分鐘的奮鬥，於早上六點五十二分全隊到達羅氏峰，爬升高度約八二三點五公尺。登山隊們為台北ＩＭＣ第五二屆寫下歷史，為台北ＩＭＣ登山活動創下登上海拔四〇九五點二公尺的最高紀錄，也為個人生涯寫下最佳紀錄。

返航

完成了夢想航程，由羅氏峰循著白色粗繩往下行走，隊員們不但浮出滿意笑容，一路以輕鬆步伐說說笑笑，穿越過巨大花崗岩盤。金色陽光罩住全身，彷彿在幫我們加持，高山岩石間，以堅毅精神努力由小縫隙冒出頭的小紅花，微笑向我們點頭道賀。

回到剛開始攀岩之處，看到在岩壁中鑿開的小徑，望著小徑旁深淵，手腳發軟，上山之時若見此深淵，是否還有勇氣往上爬？此時，已無退路，不自覺的雙手用力緊抱粗繩，一個挨一個小心翼翼的往下走，還好這條小徑不長。

經過三個半鐘頭，回到拉班拉塔山屋，來回共花了七個半鐘頭，身體疲憊不堪，加上缺氧，飢餓過頭的胃，已無食慾，匆匆用過山屋準備的簡餐，喝碗熱湯暖胃，趕緊回房打包行李，心想偷偷睡個懶覺，精神來了再下山不知有多好。

「十五分鐘出發下山，不可睡覺，肌肉會硬硬，走不動！」高山嚮導伊斯曼看穿大家心思，趕緊警告不得休息，下令打包即刻出發下山。

神山上的神仙，看到我們完成心願，在下山出發後沒多久，為了給我們消暑，給我們洗塵，下起了小雨，那雨像牛毛像花針，輕輕的撲在臉上，感覺是那麼舒爽，霧又兜攏過來，彷彿在仙境一般，小天使化作花蝴蝶，快樂的圍繞飛舞，山路受到雨水浸潤，雖未泥濘卻增加行走困難度。

俗話說：「上山容易，下山難」一點都不假。

下山雖沒有上山時來得累，來得喘。但不規則的天然石階，每一步都得側走，踏實後，再用登山拐杖力撐，才能往下移動另一步；走快了，膝關節承受不了身體壓力重擊，可能走不到山下膝蓋就報銷了，需靠拐杖伴餘生。年輕人活蹦亂跳，在家下幾個台階可以，這兒可就不行，膝蓋當然會承受不了，一不小心滑倒了跌斷了腿，只得請挑夫像扛小豬般扛下山。

下山途中，忽然見到一件讓人震驚之事：一群人，有男有女，有小姑娘有壯漢，由山下迤邐而上，背上揹著大捆重物：有二十公斤桶裝瓦斯、有大袋馬鈴薯、有相碰即破的雞蛋、有蓋住整個頭部的高麗菜、有可樂……看到這群超人，剛剛登頂的豪情壯志瞬間龜縮，立即靠邊禮讓，眼露欽羨之光，口中喃喃自語，似乎不信世上真有超人，而且還是一群超人。

原來，山屋上除了水以外，所有食材、補給品、消耗品全是這群超人扛上去的，在山上所享受的都是這群無名勇士的奉獻，可知吃每一口飯、一碗湯、一杯咖啡都彌足珍貴。

沙巴州政府為保障當地百姓的工作權，挑夫與高山嚮導都必須是

．鋼鐵人與鐵娘子每天揹著補給品上山。

當地居民，且都要領有執照，隨登山隊上山的挑夫與背著食材上山的挑夫不同，不能撈過界，兩者都以公斤論酬。

登山挑夫限重十六公斤，超出部分機會讓給他人，背食材的挑夫最重可達五十公斤，不一定壯漢才能勝任，纖弱小姑娘也能背三十五公斤上山，上下山一趟只需四小時，是真正「鋼鐵人」與「鐵娘子」。你上一趟神山，回家可臭屁一輩子，他們一天可能來回二趟。

上山走馬西勞路線，路程較長，但沿路有奇珍異草，風景優美。下山走頂峰路線，路程雖短，短距急降，難走，全程石頭石梯，左邊山壁，右邊山谷，數不完的參天古木，加上奇珍花草點綴，伴著下山，每走一公里費時四～五十分鐘，由拉班拉塔山屋到 Pondok Timpohon 大門共花了四小時十分鐘，下降高度一千四百公尺。從清晨二時三刻到回到登山大門，共花了十三小時二十五分鐘，相當於玉山單攻時間。

接駁車載我們回到神山公園總部，疲憊的身軀，洋溢著成功者的笑容，排排站在神山路線看示板前，不再是四十八小時前忐忑與憂心的神情，值得珍藏的紀念照片多了三位高山嚮導，及每人手上多了二張登神山證書，這證書可以讓你臭屁許久，甚至永世留傳。

搭上遊覽車未幾，大地撲天蓋地的暗下來，天上降下豪雨，真是感謝北一大樓眾神保佑。遊覽車上，雖無床鋪可以躺下，但在顛簸的山路，搖晃車中，伴隨著雨聲，個個滿足的進入夢鄉。

回到麥哲倫渡假飯店已是七點半，遊覽車慢慢駛進大廳，驀然見到以邵義勝前社長為首的打球組與貴婦組成員，分列兩旁熱烈鼓掌，歡迎台北ＩＭＣ神山勇士們歸來，走下遊覽車之霎那，感覺像出國比賽拿冠軍回來，看到萬人空巷夾道歡迎之景象，呂良輝前社長手執攝影機，四處遊走留下精采片段，台北ＩＭＣ社友的熱情，給我又是另一場感動，不自覺眼眶落下感動與感謝淚水。

作者註

排雲山莊改建後，於民國一〇二年七月五日重新啟用。目前是二層鋼骨結構，可容納一百六十人，每人有一床位，不再是擁擠床位；晚餐有五種套餐可選擇，味美物廉。且有咖啡、水果，也可算是星級山屋。

登山最重要的是「安全回家」

當晚，帶著滿足的笑容早早就寢，過程雖然辛苦，但讓我最滿意的是，全體隊員都安全下山。登山最重要的不是把垃圾帶下山，最重要的是「把生命安全帶回家」。

翌日，清晨起床，整個人鐵腿到隔天再隔天，雙腿痠痛難行。用完早餐，跳島到東姑阿都拉曼國家公園的沙比島浮潛、巴比Q，這裡的沙灘漂亮且淺，魚很大又多，渡過休閒輕鬆的一天。

跳島回來請人來按摩，不過不是幻想的身材曼妙穿着清涼的女郎，而是已過半百經驗豐富的阿桑，她說年輕的都到台灣去了。也不是在富羅曼蒂克的房間，是與佩樺穿著睡衣在房間裡，任她又揉又踏。

晚上，一場熱鬧慶功宴，在酒精助興下，神山勇士個個上台述說英勇事蹟，神山難得經驗確實讓我永難忘懷。

【渠成文化】Pretty life 012

山何遇

半百之後，那些山旅教會我的事

作　　者　何義津
圖書策劃　匠心文創
發 行 人　陳錦德
出版總監　柯延婷
執行編輯　李喬智、蔡青容
專案企劃　許書瑋
特別感謝　杜佩樺、何思慧、何昇峰
封面協力　L.MIU Design
內頁編排　邱惠儀
E-mail　cxwc0801@gmail.com
網　　址　https://www.facebook.com/CXWC0801
總 代 理　旭昇圖書有限公司
地　　址　新北市中和區中山路二段 352 號 2 樓
電　　話　02-2245-1480（代表號）
印　　製　鴻霖印刷傳媒股份有限公司
定　　價　新台幣 360 元
初版一刷　2021 年 7 月

ISBN 978-986-99655-7-6

國家圖書館出版品預行編目（CIP）資料

山何遇：半百之後，那些山旅教會我的事 / 何義津著. -- 初版. -- 臺北市：匠心文化創意行銷, 2021.07
面；　公分. --
ISBN 978-986-99655-7-6（平裝）

1. 旅遊 2. 旅遊文學 3. 世界地理

719　　110000088